<일본어문법 정오표>

쪽	변경전	변경후
64	出かけようと**しいている**ところに電話がかかってきた。	出かけようと**している**ところに電話がかかってきた。
140	(中国で地図を**買**)	(中国で地図を**買う**)
166	⓬ ~尽(つく)す	⓬ ~尽(つく)す/**尽くす**
175	**V그룹**	**V류**
206 207 213	本当に森さんが君にラブレターをくれたの？**(의문)** あなたは先輩に教科書をもらいましたか。**(의문)** どうやってあなたは救急隊に助けてもらいましたか。**(의문)**	本当に森さんが君にラブレターをくれたの？**(의문 · 확인)** あなたは先輩に教科書をもらいましたか。**(의문 · 확인)** どうやってあなたは救急隊に助けてもらいましたか。**(의문 · 확인)**
219	いい成績**を**とるために、	いい成績**を**とるために、**(を밑줄 제거)**
248	9) ちょっと見えずらいかもしれませんが、 ____ __♥__ ____ ____。	9) ちょっと見えずらいかもしれませんが、 ____ ____ ____ __♥__。
276	2) 昨日遅く寝ました。____今日は眠いんです。 ① それに ② それなら **③ すると** ④ でも	2) 昨日遅く寝ました。____今日は眠いんです。 ① それに ② それなら **③ それで** ④ でも
291	4. 次の文の____に**入らない**ものを①・②・③・④から 一つ選びなさい。	4. 次の文の____に**入る最もよい**ものを①・②・③・④から一つ 選びなさい。
291	2) とてもお腹がすいていたので、__急いでご飯を食べた。 ① ところが ② それに ③ それで ④ **で**	2) とてもお腹がすいていたので、__急いでご飯を食べた。 ① ところが ② それに ③ それで ④ **でも**
291	3) もう彼女と別れたい。__彼女が怖くてその話を言い出せない。 ① **ところが** ②それなのに ③ それから ④ ところで	3) もう彼女と別れたい。__彼女が怖くてその話を言い出せない。 ① **ところに** ②それなのに ③ それから ④ ところで

예문을 중심으로 배우는

개정판

PERFECT 일본어문법

| 손동주 · 박미영 · 이진경 · 전승효 공저 |

PUKYONG NATIONAL UNIVERSITY PRESS
부경대학교 출판부

예문을 중심으로 배우는

PERFECT 일본어 문법

2015년 2월 27일 1판1쇄 발행
2020년 2월 28일 1판2쇄 발행
2021년 2월 26일 개정판 발행

저　자 | 손동주 · 박미영 · 이진경 · 전승효
발행인 | 장 영 수
발행처 | 부경대학교 출판부
주　소 | 부산광역시 남구 용소로 45
전　화 | (051) 629-6914
F A X | (051) 629-6917
E-Mail | upress@pknu.ac.kr

값 16,000원

ISBN 979-11-87263-41-8 (93730)

머리말

현재 시판되는 일본어 관련 책 중에 문법책들은 무수히 많다. 문법 항목별 나열에서부터 회화 표현을 접목한 실생활 문법까지 요령만 터득하면 일본어를 술술 표현할 수 있을 것처럼 말하는 책들이 대부분이다. 또한, 시대의 흐름상 문법을 탈피하여 상황별 회화 표현만을 제시한 책들도 많다.

바닷가의 모래성을 생각해 보자. 쉽게 지을 수도 있고, 작은 밀물에도 무너져 버린다. 이처럼 외국어도 마찬가지이다. 원어민처럼 말하고 싶다고 해서 상황별 표현만 익히다보면 곧 한계에 부딪히게 된다. 좀 더 정확하고 자연스러운 일본어다운 표현을 사용하기 위해서는 문법적 지식이 탄탄해야 한다.

이러한 부분에 갈증을 느끼는 학습자들은 현재 자신의 일본어 실력을 가늠할 수 있고, 취약한 부분을 메워줄 수 있는 문법책을 필요로 한다. 또한, 기초를 뛰어 넘어 중급 단계에 접어들었을 때 보다 깊이 있는 지식을 전해줄 참고 서적을 필요로 한다.

이 책은 그러한 학습자들을 위하여 자주 접해본 문법사항을 보다 쉽게 이해할 수 있도록 실용적인 예문을 사용하여 설명하였다. 일본어를 처음 배우는 학습자는 물론이고 문법이 취약한 학습자들이 꼭 집고 넘어가야 할 전반적인 문법사항을 다루고 있다.

교재의 구성을 살펴보면, 먼저 기본적인 문법사항을 토대로 그에 맞는 실생활 예문을 제시하였다. 이어서 학습한 문법사항은 연습문제를 통하여 확인할 수 있도록 했으며, 각 예문에는 ⧄ 와 같은 기호를 넣어 스스로 학습상황을 체크할 수 있도록 하였다. 또한 예문에 사용된 어휘는 각 파트의 마지막에 제시하여 학습자 스스로 점검할 수 있도록 구성했다.

비슷한 용법을 비교・분석하거나, 보다 심화된 내용을 제시한 경우에는 박스에 넣어 눈에 띄게 하였다. 이는 이 교재를 처음부터 정독하지 않고 필요한 항목만을 찾아서 공부하더라도 문법 사전의 기능으로서도 유용하다.

파트별로 마지막에는 현재 시행되는 JLPT나 JPT 같은 일본어 시험문제와 유사한 유형으로 종합문제를 제시하였으므로, 일본어 관련 자격시험에 익숙해지는데도 도움을 줄 수 있도록 하였다.

문법책이라고 하면 딱딱하고 재미없는 책으로 인식되기 쉽다. 더 쉽고, 더 실생활에서 잘 사용할 수 있고, 더 현 시간을 반영하는 표현을 제시함으로써 학습자들이 쉽게 접근할 수 있도록 노력한 것이 이 책의 큰 장점이라고 할 수 있다. 이러한 장점을 잘 이용하여 학습자들이 보다 쉽게 일본어 문법에 다가갈 수 있게 되길 바라는 마음으로 집필하였다.

마지막으로 2쇄를 내면서 도움을 준 부경대학교 박미영교수, 부경대학교 대학원 岸本まり子, 민은진씨에게 감사의 말을 전한다.

2021년 2월

저자 손 동 주

목 차

조사

1. 격조사
2. 접속조사
3. とりたて조사
4. 종조사

1 격조사

が 이/가

1. が와 は

- が : 신정보 → 처음 제시되는 내용
  は : 구정보 → 이미 알고 있는 내용

昔、あるところに、おじいさんとおばあさんが住んでいました。
ある日、おじいさんは、山へしばかりに、おばあさんは川へ洗濯に行きました。

- 「が」는 초점이「が」앞에 있으므로, 의문사가 주어인 경우에는「が」를 사용한다.

A：誰が行きますか。
B：私が行きます。

いつがいいか、決めましょう。

今年の夏の高校野球、どこが優勝するでしょう。

- 「は」는 초점이「は」다음에 오므로, 의문사가 술어에 오는 경우에는「は」를 사용한다.

今の日本の景気はどうですか。

今日のお勧め料理は何ですか。

A：田中さんはどうしますか。
B：はい、私は行きます。

※ 한국어는 의문사가 술어부분에 올 때,「이/가・은/는」 모두 가능하다.

{ 사는 곳은 어디입니까? → お住まいはどこですか。
  사는 곳이 어디입니까? → ×お住まいがどこですか。

{ 생일은 언제입니까? → お誕生日はいつですか。
  생일이 언제입니까? → ×お誕生日がいつですか。

2. 대상

> **우리말「을/를」에 해당하지만, 일본어는「が」가 사용된다.**
> 1) 희망・소유 : 동사ます형+たい、欲しい 등
> 2) 능력 : 上手だ、下手だ、得意だ、苦手だ 등
> 3) 지각 : 聞こえる、見える、分かる、가능동사 (できる、話せる등)
> 4) 취향 : 好きだ、嫌いだ 등

冷たいうどんが食べたいな。 (희망)

あまり大きくならない犬が欲しいですね。 (소유)

朝早く起きるのが苦手です。 (능력)

隣の部屋からピアノの音が聞こえた。 (지각)

温泉が好きで、週に一回は行っています。 (취향)

の 의/~인

1. 용법

先輩の山村さんをご紹介します。 (동격)

私は関東で、彼は関西の人です。 (위치, 지역)

看護学校の学生となって努力し、ぜひ看護士になる夢を叶(かな)えたい。 (소속)

すみませんが、私の携帯に、連絡ください。 (소유)

かき氷は夏の食べ物でしたが、今は一年中食べられます。 (시기)

2. が・の 변환

명사를 수식하는 수식절 안의「が」는「の」로 바뀐다.

A が B ＋C(명사) → AのBC
(A が B → C : 수식)

お腹が痛い＋時 → お腹の痛い時
お腹の痛い時には、梅茶がよく効きますよ。

雨が降る＋日 → 雨の降る日
今年の梅雨は、去年より雨の降る日が多かった。

연 습 문 제

1. 다음 ( )안에「が」또는「は」를 넣으시오.

1) 今の日本の景気（　　　）どうですか。

2) 今晩の食事は、何（　　　）いいですか。

3) 何か楽しくできるような、そんな趣味（　　　）欲しいです。

4) 仕事（　　　）好きだとか、嫌いだとかは、全然問題にはなりません。

2. 다음 문중의「が」를「の」로 바꿀 수 없는 것을 고르시오. (　　)

1) 日本人が知らない日本語。

2) 福岡は母が生まれたところです。

3) 切符がない人は手を挙げてください。

4) 昔々、あるところにおじいさんとおばあさんが住んでいました。

3. 다음 밑줄 친「の」의 용법을 쓰시오.

1) 友人の車を借りました。　　　　　(　　　　　)

2) 病院の先生に聞けばいいと思うのですが。　　　　　(　　　　　)

3) 日本語の先生の池田さんは厳しいです。　　　　　(　　　　　)

4) 若い時のダイエット法と同じでは、よくないと思います。　　　　　(　　　　　)

を 을/를

1. 동작의 대상

のどが乾いたので、水を飲んだ。

彼は熱心に母親を手伝っていた。

長男が小学校入学の時に机を買いました。

2. を＋자동사

■ 이동동사의 출발점과 통과점, 이동공간은 「を」로 나타낸다.

エレベーターを降りて、レストランに向かって行ったのよ。 (출발점)

今、あそこの角を曲がった人は誰ですか。 (통과점)

空を飛んでいるような気分でした。 (이동공간)

3. を～たい

■ 희망을 나타내는 「たい」는 일반적으로 「が~たい」로 쓰인다.

もっとやりがいのある仕事がしたい。

一度でいいからお前とゆっくり酒が飲みたい。

■ 희망을 나타내는 「たい」가 「を~たい」로 쓰이는 경우

A. 대상이 사람인 경우

私の願いは、ただひとつ、今は笑って真理子さんを見送りたい。

彼なんか大嫌い。本当に彼を殴りたいくらい嫌いです。

B. 대상이 되는 명사와 「～たい」가 떨어져 있는 경우

この質問の回答を私も知りたいです。

あの喫茶店のコーヒーを明日はぜったい飲んでみたい。

に

1. 존재・도착점

冷蔵庫の中に卵とミルクがあります。 (존재)

地震が起きたとき、弟と祖母と3人で自宅にいました。 (존재)

駅に着いたらお電話ください。 (도착점)

2. 변화된 결과・동작의 대상

健康になる方法を教えてください。 (변화된 결과)

いろんなことを思い出して、少しセンチメンタルな気持ちになったんだ。 (변화된 결과)

あの人に頼みましょう。 (동작의 대상)

ご両親にしてあげた一番の親孝行は何ですか。 (동작의 대상)

3. 기준・빈도

君の記憶力はゼロに等しい。 (기준점)

一年前にくらべて、みんな懸命に働くようになったじゃないか。 (기준시간)

ただ水道代は二ヶ月に一回の支払いです。 (빈도)

(ex : 一日に3錠、二日に1度、週に3回、月に4回、半年に5回、年に7回)

「に」가 올 수 없는 경우

「~に」는 현재를 기준점으로 하는 시간명사 다음에는 접속되지 않는다.

朝、今朝、ゆうべ、昨日、今日、明日、先週、今週、来週、毎週
先月、今月、来月、去年、今年、来年 등

姉は朝{*に/∅}、いつものように店を行くと言って家を出た。

「に」가 오는 경우 (절대적 시간)

9時に、日曜日に、3月に、5月10日に、クリスマスに、2015年に 등

子供が9時{に/*∅}寝ることは健康にいいことです。

4. 목적

■〈 ~하러, ~하기 위하여 〉 [동사ます형, 동작성명사+に]

今、話題のお米パンとお米ケーキを食べに行こう。

毎日、一匹の魚を買いに来るお年寄りがいる。

毎日、帰ったら散歩に行こうと思っているけど、なかなかできない。

5. 대상에「に」를 요구하는 동사

■「~に会う」「~に憧れる」「~に似合う」「~に乗る」등

彼女に会うのは三カ月ぶりだった。

都会に憧れ、19の時に田舎から出てきた。

あなたたちに似合いそうな色をわざわざ選んできたのよ。

バスや電車に乗って、ケータイを使う人が多くなった。

6. 그 외「に」를 요구하는 동사

■「噛みつく」「つく」「なる」「話しかける」「ぶつかる」「移る」등

今まで飼い犬が人に噛みついたことは一度もなかった。

今度の出張は私が部長について行きます。

将来、先生になりたいんですけど、小学校はちょっと。

初対面の人に話しかけるのが苦手な人も多いでしょう。

車が壁にぶつかりました。

本社が韓国から中国に移った。

「Nに行く」와「Nしに行く」

■ 동작성 명사 다음에는「Nに行く」,「Nしに行く」둘 다 가능하다.

先日、友だちと初めてファミリーレストランに{食事に/食事しに}行った。

今日は2時間くらい時間がとれたので、図書館に{勉強に/勉強しに}行ってました。

■ 현재 위치에서부터 동작이 시작되는 경우「Nに行く」만 가능하다.

運動不足なので、毎日{散歩に/*散歩しに}行きます。

1泊程度の{旅行に/*旅行しに}行きたいのですが、どこがいいでしょうか。

「Nしに行く」는 「N」이라는 동작을 현재 위치가 아닌 제3의 장소에서 동작을 하는 경우에만 가능하다. 다음 예문처럼 「上野公園」에 가서 산책을 하는 경우에는 「散歩しに」도 가능하다.

上野公園(うえのこうえん)でのお花見が人気があるそうなので、食事の後、上野公園に散歩しに行きましょう。

と

1. 비교의 기준・변화의 결과・동작의 대상

50年前と比べれば、物価も高くなっている。 (비교의 기준)

温度と湿度の変化により、空気中に含まれている湿気が水となる。 (변화의 결과)

嫌いな人と一緒に食事をすると、どんなにおいしい物を食べても、全然おいしくない。 (동작의 대상)

Tip 열거로 쓰이는 경우,「と」는 전부 열거이므로 「など」와 같이 쓸 수 없고,「や」는 부분 열거이므로「など」와 같이 사용하지만 생략하기도 한다.

冷蔵庫の中にスイカやブドウや桃などがあります。

昨日は寿司{と/や}てんぷらをたくさん食べたよ。(「と」:초밥, 튀김 / 「や」:초밥, 튀김, 그 외)

「に」와 「と」의 차이 1

■「~に会う /~と会う」

Aは Bに会う

私は彼に会った。(A가 B를 만나러 가는 경우)

そんな時にばったりと友だちに会った。(A와 B가 우연히 만나는 경우)

今まで一度もスリに会ったことがありません。(재난이나 재해 등 의도하지 않은 경우)

Aは Bと会う　A와 B가 서로 약속하여 만나는 경우

私は彼と駅前で会った。

明日12時に、友達と会う約束をしていたんですが、行けなくなりました。

■「~になる /~となる」

「~になる」 : 변화의 결과 현재의 상태를 나타냄

彼は(一生懸命勉強して)お医者さんになりました。

駅もきれい{に/*と}なり、町もにぎやか{に/*と}なりました。

「~となる」 : 일시적인 변화

彼は一日だけ先生となり、学生たちに日本語を教えました。

「に」와 「と」의 차이 2

■「~にぶつかる/~とぶつかる」

A가 일방적으로 B에 부딪히는 경우: Aが Bに ぶつかる

A와 B가 서로 이동하여 부딪치는 경우: Aが Bと ぶつかる

- 車のドアが{壁に /*壁と}ぶつかって、ドアに傷がついてしまった。
- 今朝、高速道路で車8台ぐらいが{次々と/*次々に}ぶつかった。

■ 상호동사인 경우 : 「と」

상호동사는 두 명 이상이 서로에게 동일하게 하는 행동을 나타내는 동사

- あの女優は、平凡なサラリーマン{*に/と}結婚した。
- 男なら覚悟をきめて、勇(いさ)ましく正々堂々{*に/と}戦おう。
- 友人{*に/と}喧嘩したあと、仲直りするコツは何だと思いますか。

で

1. 동작이 행해지는 장소

- 台所でスパゲッティを作りました。
- 学校の図書館で本を借りましょう。
- たまには友達と回転寿司で夕飯を食べたりします。

2. 원료・재료 / 방법・수단

こけし

- こけしは木で作ります。 (원료・재료)
- 結論が出なければ多数決で決めましょう。 (방법)
- アメリカ人が箸でご飯を食べるのは難しいでしょう。(수단)

3. 원인・이유 / 한정 (~라서(지금) 어떤 상태다 / 어떻게 되었다)

- 今年の台風で、家が壊れた。 (원인・이유)
- 飼っていた犬が病気で死んでしまいました。 (원인・이유)

■ 원인・이유를 나타내는 경우 문말에 의지, 명령, 권유, 의뢰 표현이 오지 않는다.

- ＊風邪で寝こんでいよう。(의지) / ＊風邪で寝こんでください。 (명령)

■ 시간, 수, 양을 한정한다.

- あと5分で試験は終わりです。 (~만 있으면, ~후에)
- 夫婦二人でイタリアを旅行した。 (합쳐서, 둘이서)
- あのデパートではこの人形は、三つで一万円でした。 (합쳐서, 다해서)

장소를 나타내는「に」vs「で」

■「~に」는「いる・ある・住(す)む」와 같이「존재」하는 장소 즉, 상태를 나타내는 동사에 접속하고,「で」는 동작이 일어나는 장소에 접속한다.

- 今日は一日中家にいます。
- 大学の図書館で勉強します。
- 自動車関係の会社で働いています。

「廊下で走る」vs「廊下を走る」

■「で」는 지정된 범위 안에서의 동작을 의미하고, 「を」는 현재 동작이 이루어지고 있는 장소로서 이동하고 있는 공간을 의미한다.

生徒に廊下で走らないように指導しています。(동작이 이루어지는 장소)

休み時間のチャイムがなるやいなや廊下を走って運動場へ行った。(통과점)

から

1. 기점・출발점

昨日からお母さんがインフルエンザで寝込んでます。

学校から帰ってすぐ、グローブとバットを持って飛び出して行った。

■ 출발 장소를 나타내는 명사 다음에는 「を」「から」둘 다 쓸 수 있지만, 무의지적 사태를 나타내는 경우에는 「を」를 사용할 수 없다.

お父さんは船{を／から}降りました。

けむりが部屋{*を／から}出ています。

田中さんは釣り船{*を／から}落ちました。(落ちる: 무의지 동사)

2. 범위

月曜日から土曜日まで仕事があります。

毎日、一日に20ページから30ページぐらい読もうと思っています。

3. 원료・재료

■ 원료나 재료가 화학적으로 변화를 일으킬 때 쓰인다.

このワインは柿から作りました。

マーガリンはコーンなどの植物から、バターは牛乳から作られます。

「から」vs「で」

- から: 형태가 완전히 변하는 경우, 화학적 변화
- で　: 원료·재료가 물리적으로 변화하는 경우, 겉모양만 변화

お酒は米{*で/から}作られます。

竹{で/*から}箸を作られます。

より

1. 기점・출발점

- 장소, 시간의 시작점을 나타낸다. から보다 정중한 표현이다.

当ホテルは、JR名古屋駅より徒歩3分の場所に位置しております。

当店では毎日夕方8時よりタイムセールを実施しております。

- 회화체에서는「から」, 격식이 있는 문장체에서는「より」

東京から来たが、今はパリに住んでいます。

募金にご協力いただいたこと、心より感謝申し上げます。

2. 비교・한정

- 비교, 한정의 경우에는「から」와 바꿔 쓸 수 없다.

やはり、随筆よりユーモア小説の方が面白い。 (비교)

イギリスから帰国してからはペンをとる機会がそれまでより多くなかったようだ。 (비교)

アメリカで育った彼は、日本語より英語の方が得意だ。 (비교)

彼女がここに来るまで待つよりほかない。 (한정)

神様に祈るよりほかなかった。 (한정)

연 습 문 제

1. 한국인이 자주 틀리는 오용표현이다. 밑줄 친 부분을 바르게 고치시오.

1) 弁護士がなりたいんです。 (　　　　　　)

2) 船を乗るのは、楽しいことです。 (　　　　　　)

3) レポートがたくさんたまって家でいました。 (　　　　　　)

4) 私の家族はみんなボーリングを大好きです。 (　　　　　　)

5) この夏休みはどこにも旅行を行きませんでした。 (　　　　　　)

6) 彼は高校1年生で、スポーツをとても上手です。 (　　　　　　)

7) 昨日久しぶりに先生を会って、とても楽しかった。 (　　　　　　)

2. 다음 문맥에 맞게 「に」와 「と」를 넣으시오.

1) 石塚さん(　　　)よく話し合って決めました。

2) 日本にいる石井さん(　　　)メールを送りました。

3) 友達(　　　)喧嘩して、ひどいことを言ってしまいました。

4) その問題は、弁護士(　　　)相談すれば、すぐ解決できると思います。

3. 다음 문맥에 맞게 「に」와 「を」를 넣으시오.

1) このバス停でバス(　　　)乗りました。

2) 次のバス停でバス(　　　)降りましょう。

3) 横断歩道(　　　)渡る前にしっかり左右を確認してください。

4. 다음 문맥에 맞게 「に」와 「で」를 넣으시오.

1) 木の上(　　　　) 鳥が鳴いている。

2) 木の上(　　　　) 珍しい鳥がいます。

3) その本はどこ(　　　　) ありましたか。

4) その本はどこ(　　　　) 買いましたか。

종합연습문제

1. 次の文の(　　　)に入れるのに最もよいものを、①・②・③・④ から一つ選びなさい。

1) 赤ワインはぶどう（　　　）作られた。
① から　② で　③ が　④ より

2) 焼く（　　　）煮るほうが好きです。
① から　② より　③ が　④ で

3) 4月になったら大学生（　　　）なります。
① が　② を　③ に　④ と

4) 毛糸（　　　）父のセーターを編みはじめた。
① で　② から　③ を　④ に

5) 駅前に並んでいたタクシー（　　　）乗って帰ってきた。
① を　② に　③ っけ　④ の

6) 何気なく言った一言が原因で恋人（　　　）喧嘩してしまった。
① から　② より　③ と　④ に

7) 来週のパーティーに橋本さん（　　　）招待したいです。
① を　② で　③ に　④ が

8) カクテルやビールは飲めるのですが、ワインと焼酎だけ（　　　）苦手です。
① は　② に　③ から　④ で

9) 幸せとはいったい何なのか、何（　　　）幸せなのか、さっぱり分からない。
① が　② を　③ に　④ と

10) ホテルによっては予約（　　　）時ではなく、チェックインの時に部屋が決まることもあります。
① が　② に　③ より　④ の

2. 次の文の＿＿＿＿に入る最もよいものを、①・②・③・④ から一つ選びなさい

1) 皆さん、 ＿＿＿＿ ＿＿＿＿ ＿＿♥＿＿ ＿＿＿＿ 。
① ブランチは　② たまには　③ おしゃれな　④ どうですか

2) 講演は ＿＿＿＿ ＿＿＿＿ ＿＿＿＿ ＿＿♥＿＿ だろう。
① 30分　② 終わる　③ ぐらい　④ で

3) 子供 ＿＿♥＿＿ ＿＿＿＿ ＿＿＿＿ ＿＿＿＿ 番組です。
① お年より　② まで　③ から　④ 楽しめる

4) 最近の若者は、 ＿＿♥＿＿ ＿＿＿＿ ＿＿＿＿ ＿＿＿＿ 。
① 大事に　② プライベートの時間を　③ します　④ 自分の

5) すみません。 ＿＿＿＿ ＿＿＿＿ ＿＿＿＿ ＿＿♥＿＿ きます。
① 忘れ物を　② うちへ　③ 行って　④ 取りに

6) 悪い友だち ＿＿♥＿＿ ＿＿＿＿ ＿＿＿＿ ＿＿＿＿ いいです。
① 方が　② は　③ と　④ 遊ばない

7) 北海道を観光 ＿＿＿＿ ＿＿＿＿ ＿＿♥＿＿ ＿＿＿＿ ですか。
① する　② いつが　③ なら　④ いい

8) 今年の ＿＿♥＿＿ ＿＿＿＿、 ＿＿＿＿ ＿＿＿＿ 移るつもりです。
① 今の会社にいて　② 来年3月には　③ 12月末までは　④ 新しい職場に

9) ネット通販は ＿＿＿＿ ＿＿＿＿ ＿＿♥＿＿ ＿＿＿＿ 場合があります。
① 定価より　② かなり　③ 売っている　④ 安く

10) インチョン空港で ＿＿＿＿ ＿＿♥＿＿ ＿＿＿＿ ＿＿＿＿ 行きました。
① ホテルまで　② 飛行機を　③ タクシーで　④ 降りて

2 접속조사

원인·이유

から ~이니까/~이므로

■ 전항에 제시되는 이유가 자신의 주관적인 판단에 근거한 원인을 나타내며, 문말에는 주로「명령・의지・추량・금지」의 형태가 온다.

ちょっと話があるからここに来てください。 (명령)

もう遅くなったから、後は明日にしましょう。 (의지)

星が出ているから明日はきっと晴れるだろう。 (추량)

お父さんに知られるとまずいから絶対にしゃべるな。 (금지)

ので ~이므로/~이기 때문에

■ 전항이 객관적인 이유(누구라도 인정할 수 있는)가 될 수 있는 경우에 사용하며, 문말은 그 이유에 의한 결과나 과정을 나타낸다.

品物に傷があったので送り返しました。

怠けていたので、試験の成績が悪くなったのは当たり前です。

すみません。ちょっと暑いので、クーラーをつけてくれませんか。

病気だと聞いていましたが、思ったより元気なので安心しました。

「から」vs「ので」

■ 접속 형태의 차이

から	
명　사 : Nだ	+ から
い형용사 : ～い	+ から
な형용사 : ～だ	+ から
동　사 : 보통체	+ から

ので	
명　사 : Nな	+ ので
い형용사 : ～い	+ ので
な형용사 : ～な	+ ので
동　사 : 보통체	+ ので

- 波が穏やかだから船に乗ろう。
- あたりが静かなので、よく聞こえる。
- 今日は日曜日だから、田中さんは家にいるだろう。
- いい天気だし、日曜日なので散歩に出かけました。

■ 강조구문「から」:「AからB → BのはAからだ」

- A：試験が近いから、図書館が混んでいる。
  B：図書館が混んでいるのは、試験が近いからだ。(화자의 추측, 추량)
- A：日本語の文法を研究したかったから、私は日本に留学した。
  B：私が日本に留学したのは、日本語の文法を研究したかったからです。

■ 의문·추측「から」:「～のは～からかもしれない / ～のは～からだろう(か) /
「～のは～からにちがいない」(~인 것은 ~때문이다)

- 少し蒸し暑いのは、台風が近づいているからかもしれない。
- 家賃が少し安いのは、駅から遠くてやや不便だからだろう。
- 彼女の機嫌が悪いのは、昨日、僕が電話しなかったからにちがいない。

■ 격식을 차리는 장면「ので」: 상품의 취급설명서, 알림 및 게시 등.

- 保証書は再発行いたしませんので、紛失しないよう大切に保管してください。
- 国の両親が訪ねて来ますので、今日は少し早めに帰らせていただいても
  よろしいですか。
- 不審なサイトにアクセスすると被害を受ける恐れがありますので、
  ご注意下さい。

조건

と ~하면 ~(언제나, 항상)한다

1. 필연적・자연현상

体温が上がると汗が出る。

上野公園では4月の中旬になると、桜が咲き始めます。

2. 반복・습관

彼は冬になると、毎年スキーに行く。

私は朝起きると、まず犬をつれて散歩に出かける。

3. 조건관계

このボタンを押すと、ドアが開きます。

ここで食事をすると、コーヒーを100円で飲めます。

ば

■「자연현상/습관・반복/일반적 사실/논리적인 사실・진리」에 관한 것을 나타내는 경우로「ば」는 양면성이 있는 경우에는 사용하며「と」와 교체 가능하다.

春が{来れば/来ると}花が咲く。 (자연현상)

年を{とれば/とると}、体が弱くなる。 (일반적 사실)

3に5を{かければ/かけると}15になる。 (논리적인 사실·진리)

彼女は日曜日に天気が{よければ/いいと}ピクニックに行きます。 (습관·반복)

■ 관용구나 속담에 많이 쓰인다.

塵も積もれば山となる。

心頭(しんとう)を滅却(めっきゃく)すれば火もまた涼し。

「と」vs「ば」

1) 「ば」와 「と」 둘 다 불가능한 경우

■ 문말이 「권유」「의지」「희망」「명령」인 경우 → たら

朝、友だちに{*会えば/*会うと/会ったら}、挨拶しなさい。 (명령)

車を{*買えば/*買うと/買ったら}、すぐ私に電話してください。 (명령)

吉田さんが{*来れば/*来ると/来たら}、パーティーを始めましょう。 (권유)

期末テストが{*終われば/*終わると/終わったら}、遊びに行きたい。 (희망・의지)

2) 「ば」만 가능한 경우

■ 문말이 「명령」「희망」「의지」「권유」인 경우라도 「ば」는 가능
→ 전항이 (무의지적인 상태)를 나타내고, 후항이 화자의 의지로 사태가 실현될 경우

寒ければ窓を閉めてください。 (명령)

時間があれば、勉強しなさい。 (명령)

安くなれば、買うつもりです。 (의지)

できれば早く帰りたい。 (희망)

■ 의문사와의 관련성

조건 표현이 의문사와 접속하는 경우 '의문사 +「ば」' 의 형태로 전항에 초점이 있다.

どう(*すると/すれば)ドアは開きますか。

どこに(*行くと/行けば)彼に会えますか。

3) 「と」만 가능한 경우

■ 전항과 후항이 이미 일어난 사실(과거)인 경우 「と」 만 가능 (~했더니 ~하더라)

シップを{張ると/*張れば}、肩凝りが治りました。

うちへ{帰ると/*帰れば}友達が私を待っていた。

たら

1. 문말 형태

■ 전항과 후항이 아직 실현되지 않은 경우로서 문말에는 「의지・명령・권유・희망」을 나타내는 표현이 온다. 후항에 제약이 없고 사용범위가 가장 넓다.

帰ったら必ず手を洗いなさい。

落ち着いたら、飲みに行きましょう。

9月になったら、引っ越すつもりです。

東京へ行ったら、ぜひ東京タワーに登ってみたいです。

2. 이미 실현된 사항

■ 이미 실현된 사항: ~했더니 ~했다

薬を飲んだら熱が下がった。

会社をやめたらストレスがなくなって元気になった。

デパートで買い物していたら、優子(ゆうこ)さんにばったり会った。

3. 반사실 〈~이었다면 ~였을텐데〉

■ 전항이 성립되지 못한 것에 대한 아쉬움을 후항에서 나타낸다.

もう少し若かったら、プロポーズするのに！

点数があと5点高かったら、この大学に合格できるんだけど。

あの時、次郎(じろう)さんと結婚していたら、私の人生はもっと幸せだったはずだ。

4. 권유・제안

■ 문말에 나타내며, 「どうですか、いかがですか」가 생략된 표현이다. 「~하지 그래 / ~하는 게 어때?」의 의미로 사용된다.

返事だけしておいたら。

お母さんが心配するから早く帰ったら。

そんなに疲れているなら、すこし休んだら?

「ば」vs「たら」

■ 「ば」와「たら」교체가 가능한 경우: 전항이 아직 실현되지 않은 사항인 경우

万一、雨が{降ったら/降れば}、試合は中止です。

もしラーメンが{なかったら/なければ}、おにぎりでもいいです。

■ 「たら」를「ば」로 교체가 불가능한 경우: 전항이 이미 실현된 사항인 경우

扉を{開けたら/*開ければ}、雪が積もっていた。

変な音がするので隣の部屋に{行ってみたら/*行ってみれば}、ねずみがいた。

→「~ば~した」는 불가능한 표현임.

なら

1. 상대방의 말을 받은 조건〈만약 ~라면〉

A：ちょっと、出かけてきます。

B：出かけるなら、食べてから行きなさい。

A：明日の10時でいかがでしょうか。

B：10時はちょっと。

A：では、何時ならよろしいですか。

2. 화제제시〈~라면〉

→「화제」에 대한 화자의 생각을 말할 때 주로 사용

ストレス解消法ならテニスに限る。

日本の山ならやっぱり富士山ですよ。

韓国料理なら、なんと言ってもビビンバが一番です。

「조건표현」과 「시간적 전・후관계」

※ 어떤 조건표현을 사용하는가와, 앞에 오는 종속절의 문말 표현에 따라 주절과 종속절의 시간적 전후 관계는 달라진다.

「 A する　と・ば　B 」 する의 시간적 전후 관계 : 「A→B」
「 A する　なら　B 」 する의 시간적 전후 관계 : 「B→A」/「A→B」
「 A した　たら・なら　B 」 앞 문장에 た가 오는 경우 : 「A→B」

東京へ行くと、東京タワーを見る。
A 東京へ行く → B 東京タワーを見る

東京へ行けば、彼に電話します。
A 東京へ行く → B 彼に電話する

日本へ行くなら、化粧品を買います。/ 化粧品を買って来て下さい。
B 化粧品を買う → A 日本へ行く　　A 日本へ行く → B 化粧品を買う

日本へ行ったら、東京タワーを見て下さい。
A 日本に行く → B 東京タワーを見る

日本へ行ったなら、東京タワーを見たでしょう。
A 日本へ行った → B 東京タワーを見た

순접

て/(で)

1. 이유・원인 〈~(해)서〉

- お腹をこわして、学校を休みました。
- 朝からかんかん照り。蒸し暑くていらいらする。
- 試験に落ちて、今度こそ勉強にだけ集中すると決めました。

2. 방법・수단 〈~(해)서/~(으)로〉

- 魚を焼いて食べる。
- ストーブを使って部屋を暖める。
- 電話か電子メールでお知らせいたします。

역접

けれども・けれど・けど

1. 역접 〈~(이)지만/ 하지만/ 그렇지만〉

- 年は取っているけれども、まだまだ元気ですよ。
- 毎日薬を飲んでいるけれど、ちっともよくならない。
- 今日は休みだけど、学校へ行かなければならない。

→「のに」로 교체가능. (단, 접속방법은 다름)

2. 전제 〈~입니다만〉

- 顔色が悪いんだけど、何かあったの?
- ちょっとお尋ねしますけれども、区役所はこの近くですか。
- さっき話した件ですけれど、内密にお願いします。

ても(でも)

1. 역접 〈설령, 아무리~하더라도〉

たとえ結果が悪くても、落ち込まないでください。

いくら悔んでも仕方がないです。もう遅いです。

年を取ってからはどんなに練習してもなかなかうまくいかない。

2. 허가・양보 〈~해도 괜찮다 / ~해도 상관없다〉

■ 「~てもいい/~てもかまわない」의 형태로 허가・허용 또는 양보의 의미를 나타낸다.

いちいち部長に報告しなくてもかまわない。

日当たりのよい家だったら多少駅から遠くてもかまわない。

この研究室では、寝てもいい。枕や毛布も備えてある。

給料さえよければ、少しぐらいやりがいのない仕事でもいい。

のに

1. 역접 〈~인데/ ~임에도 불구하고〉 → 「けれども」와 교체가능

3月になったのに、少しも春らしくならない。

冬の山は危険なのに、どうして登るんですか。

夜の12時なのに、電車にはおおぜいの人が乗っていました。

2. 대비 〈~였는데/ ~인데〉

去年の冬は暖かかったのに、今年の冬はとても寒い。

千尋(ちひろ)さんはテニスは下手なのに、バドミントンはうまい。

中村(なかむら)さんは焼き魚は好きなのに、お寿司はあまり食べないですね。

「けれども」 vs 「のに」

- けれども : 앞뒤 내용의 대립관계, 前置(まえお)き(전제), 결과만 제시
- のに : 반사실에 대한 화자의 놀라움・불만・의아스러움

私が吉田ですけれども、何かご用ですか。 (전제)

勉強したけれども、試験の結果が悪かった。 (대립관계)

僕もできるのにやらせてくれません。 (불만)

努力していたのに、彼が落ちるなんて信じられない。 (의아스러움)

나열

て 순차적 나열

黙って、あそこに座って、反省しなさい。

住所を書いて、切手を貼って、ポストに出せば、オッケーです。

夜9時に帰って、化粧を落として、シャワーを浴びて、11時に寝ます。

たり

- 「Aたり(Bたり)する」의 형태로 「A하기도 (B하기도) 한다」의 의미로 단순 나열할 때 사용한다.

私、退屈な時はゲームやったりインターネットやったりするよ。

このごろは寒かったり、暖かかったりして、気候(きこう)が安定しない。

試験中は携帯を使ったり、となりの人とおしゃべりをしたりしてはいけない。

し

1. 나열 〈~하고 (게다가)〉

日当たりもよいし、風通しもよい。

彼女は顔もきれいだし、気だてもいいです。

ケータイも忘れたし、財布も無くしたし、今日は大変な一日だった。

2. 이유・원인 〈~하기도 하고 /~해서〉

- 「(~も)~し」의 형태로 상대방에게 어떤 동작을 권유할 때 사용한다.
  「~から」로 바꿀 수 있다.

年もとったし、あまりむりな仕事はしない方がいい。

風邪も引いたし、テニスの練習は土曜日にしようよ。

A：映画見に行かない？
B：あ、ごめん。これからバイトもしなければならないし、行けないんだ。

나열의 「て」vs「し」

- て : 요소와 요소의 나열
- し : 요소에 요소를 더하여 가중됨

夕べ、マッコリも飲んで、日本酒も飲んで、ウイスキーも飲みました。(순차적나열)
어젯밤, 막걸리도 마시고, 일본술도 마시고, 위스키도 마셨다.

夕べ、マッコリも飲んだし、日本酒も飲んだし、ウイスキーも飲みました。(게다가...)
어젯밤, 막걸리도 마셨고, 일본술도 마셨고, 게다가 위스키까지 마셨다.

그 외

ながら

1. 동시진행 〈~하면서 / ~함과 동시에〉

- 音楽を聞きながら宿題やったらダメです。
- 電話しながら運転をしたから事故をおこした。
- おじさんが電車の中でいびきをかきながら寝ている。

2. 역접 〈~이면서(도) / ~이지만〉

- 不快に思いながら、顔色に出さない。
- ユミさんは体は小さいながら、なかなか力がある。
- 難しい難しいと言いながらもこの本を終わりまで読むなんてすごいですね。

3. 관용표현

- いつもながら、見事なお手並(てな)みですね。 (언제나 그러하듯이)
- 被害者は、涙ながらに事件の状況を語った。 (눈물을 흘리면서)
- 20年ぶりに昔ながらの校舎や校庭を見て懐かしかった。 (옛날 그대로의)
- モーツァルトは生まれながらの優れた才能に恵まれている。 (태어나면서, 선천적으로)

연 습 문 제

1. 다음 (　　) 안에 「のに」「ので」를 넣어 문을 완성하시오.

1) もう大丈夫な(　　　　　)心配しないでください。

2) 木村さんは小柄な(　　　　　)なかなか力があります。

3) いきなり雨がふった(　　　　　)試合が中止になりました。

4) 美由紀(みゆき)さんは豚肉と牛肉は食べられる(　　　　　)鶏肉は食べられません。

2. 다음 맞은 것에 ○를 하시오.

1) (できれば / できると) 早く 帰りたい。

2) 身分証が (必要なら / 必要と) 持ってきます。

3) 忙しく (ないと / なかったら) 手伝ってください。

4) 父は朝 (起きるなら / 起きると) すぐ水を飲む習慣があります。

5) 四月に (なったら / なるなら) 上野公園へお花見に行きましょう。

6) 辞書を (調べるなら / 調べれば) 日本語の品詞が分かりやすいです。

7) もしスパゲッティを (食べれば / 食べるなら) あのレストランがいいです。

8) このボタンを(押すと / 押すなら)お釣(つ)りがでます。

3 とりたて 조사

だけ 오직 ~만 /뿐

- 夏の間だけ、この別荘に滞在する。
- 彼の役に立ちたいけれど、私にできることはただ励ますことだけです。
- 先日、交通事故に遭ったが、幸い、手足をすりむいただけだった。

しか～ない ~밖에 없다 (오직 그것뿐)

- 今の状況ではやめるしか道はない。
- 試験まで泣いても笑っても後一日しかない。
- 締め切りまで、わずか１週間しか残っていない。

ばかり 주로 ~만 /뿐

- 今月は雪ばかり降っている。
- 遊んでばかりいないで、少しは練習したらどう？
- あのラーメン屋はすべて塩辛いものばかりでした。

「だけ」vs「しか」

だけ만 가능

それ{だけあれば/*しかなければ}、十分だ。(조건문의 충분조건)

{年寄りだけは助けて/*年寄りしか助けないで}ください。(요구·간청)

しか만 가능

今日はお金を500円{しか/*だけ}もってない。(적은 양)

「だけ」vs「ばかり」

あの美術館はゴッホの作品だけだ。 → 오직 반고흐의 작품뿐이다

あの美術館はゴッホの作品ばかりだ。 → 대부분 반고흐의 작품이다

「だけ」vs「ばかり」vs「しか」

〈초점〉

佐藤さんは来客にコーヒーだけ出す。 → 오직 커피만 준다 (한잔일 가능성이 큼)

佐藤さんは来客にコーヒーばかり出す。 → 커피만 반복적으로 계속해서 준다

佐藤さんは来客にコーヒーしか出さない。 → 커피이외에 다른 것은 주지 않는다

も

1. 누가(累加) 〈~도〉

菊もコスモスと同じように秋に咲く。

美知子(みちこ)さんは弁護士だが、実は、太郎(たろう)さんも弁護士だ。

地震による津波は船だけでなく民家も飲み込んでしまった。

2. 극한 〈~조차도〉

昇級試験には１人も合格しなかった。

彼は先輩に会っても、ろくに挨拶もしない。

プロのアナウンサーも漢字を読み間違えることがある。

⇒「も」다음에 마이너스적인 평가의 상태를 나타내는 표현이 온다.

3. 완곡 〈~도 / ~만〉

■ 완곡은 듣는 이의 감정이 상하지 않도록 부드럽게 말하는 표현이다.

あなたもたまには悪いことを言いますよね。

冬が近づいて、日もだんだん短くなりました。

3分もあれば準備できるから、少し待ってね。

まで

■ 극한〈~(해서)까지〉: 극단적인 사항에 대한 화자의 주장・판단・평가 (생략가능)

彼は信頼していた親友に(まで)裏切られた。

人に迷惑をかけて(まで)休みたいとは思わない。

自然を破壊して(まで)、新しい道路を作る必要はない。

さえ

■ 극한 〈~조차〉

A：今夜、暇ですか。

B：暇どころか、食事をする時間さえない。(cf: Aどころか、Bさえない)

今日は喉が痛くて、水を飲むのさえとても辛かった。

■ ~さえ ~ば: ~만 ~하면

コーヒーさえあれば大丈夫です。

お金さえあれば貸してあげるのに。

でも

1. 극한 〈~조차도/ ~까지도〉

この機械は操作が簡単なので、子供でも使えます。

地球の資源を保護するために、紙1枚でもむだにしないで下さい。

インターネットを使えば、地球の裏側にでも一瞬で連絡することができる。

⇒「でも」다음에 가능, 금지, 명령 표현이 주로 온다.

2. 완곡 〈~라도〉 (생략 가능)

お茶(でも)いかがですか。

今日はお母さんのために、きれいに掃除(でも)しよう。

待ち合わせの場所が決まったら、メールで(でも)知らせてください。

など · なんか · なんて

1. 부정적 강조 〈~따위/ ~같은 것〉

学歴、年齢などは、選考の対象にならない。

あなたに比べたら、私なんかまだまだ努力が足りません。

寂しくなんてないさ。会いたい人とはいつも一緒だし、いつでも会えるからね。

2. 완곡

暇な時は推理小説なんかをよく読みます。

お客さま、このブラウスなどいかがですか。

A：中華も和食も飽きちゃった。
B：じゃあ、韓国料理なんかはどう?

「など」vs「なんか」vs「なんて」

■ 문체의 차이

「など」 → 문장체
「なんか·なんて」 → 회화체

君{なんか/ なんて}大嫌い!

行政に携わる者の立場を利用した違法行爲など、許してはならない。

■ 격조사 접속에 따른 문맥의 차이

「など+격조사 / なんか+격조사 」 → 가능함
「なんて+격조사」 → 불가능함

旅行{など/ なんか/ *なんて}に行っている暇はない。

首相は、一般市民{など/ なんか/ *なんて}と面会したりしないだろう。

연 습 문 제

1. 다음 (　　) 안에 「だけ」「ばかり」「しか」를 넣어 문을 완성하시오.

1) 千円(　　　　　)貸して上げる。

2) この頃鈴木さんはお酒(　　　　　)飲んでいる。

3) 君(　　　　　)いればいい。他には何も要らないよ。

4) 7人(　　　　　)いないので、サッカーチームは作れません。

5) 姉と一緒じゃなく、自分(　　　　　)の部屋が欲しいです。

6) 今月のお小遣いは少し(　　　　　)残っていない。困ったな。

7) 先週から雪(　　　　　)降っている。

2. 다음 (　　) 안에 들어갈 표현 중 가장 자연스러운 것을 고르시오.

1) 悩みがあって、一時間(① も / ② まで)寝られなかった。

2) 友だちは本当に暇(① も / ② さえ)あればゲームばかりしています。

3) 歩いても歩いても目的地に着かない。その上、雪(① だけ / ② まで)降ってきた。

4) 吉田さんは、フランス語も上手ですが、中国語(① だけ / ② まで)とても上手です。

5) せっかくの休みなので、雨(① も / ② さえ)降らなければ、お弁当を作ってどこかに出かけましょう。

6) 風邪(① でも / ② さえ)引いてたのか、熱があるね。

종합연습문제

1. 次の文の(　　　)に入れるのに最もよいものを、①・②・③・④ から一つ選びなさい。

1) 10時に______出かけましょう。

① なると　② なれば　③ なったら　④ なるなら

2) 病人______が健康を知っている。

① だけ　② まで　③ ほど　④ しか

3) 私は一日一食______食べないのに体重が減りません。

① しか　② だけ　③ まで　④ ながら

4) 自分の1番輝いてる時を恋愛______に費やしてほしくない。

① なんて　② さえ　③ まで　④ なんか

5) 学校に行きさえ______、他のことは全然問題ではありません。

① すると　② すれば　③ したら　④ するなら

6) A：そろそろ食事を始めましょうか。
B：そうですね、まだ全員そろっていない______、始めましょう。

① ても　② のに　③ けど　④ し

7) 試験の前になると学生は忙しくて、寝る時間______ありません。

① ので　② さえ　③ まで　④ しか

8) 未成年者も参加するだろう______、ジュースも用意しておいてください。

① から　② ので　③ て　④ と

9) 風邪でも喉や頭痛の方ではなく、熱______が出るという場合もあります。

① しか　② まで　③ だけ　④ さえ

10) A：最近お隣に泥棒が入ったのよ。
B：まあ、知らなかったわ。お隣に入った_____、あなたのところも気をつけないといけないわね。

① と　② ば　③ たら　④ なら

2. 次の文の＿♥＿に入る最もよいものを、①・②・③・④ から一つ選びなさい。

1) この作文は ＿＿ ＿＿ ＿＿ ＿♥＿ いる。
① 平仮名だけで　② 漢字を　③ 書かれて　④ 使わないで

2) 今の＿＿ ＿＿ ＿♥＿ ＿＿と思うんですが。
① なんかも　② 時期なら　③ 海水浴　④ いい

3) ダイエットして ＿＿ ＿♥＿ ＿＿ ＿＿ いる。
① 言いながら　② ケーキばかり　③ 食べて　④ いると

4) 鈴木君は、 ＿＿ ＿＿ ＿＿ ＿♥＿ そうだ。
① 4歳なのに　② もう　③ 読める　④ 平仮名が

5) 困ったな。こんなに ＿♥＿ ＿＿ ＿＿ ＿＿ ない。
① 約束の　② 間に合わ　③ 時間に　④ 渋滞していたら

6) 田中さんはたくさんお金が ＿＿ 、＿＿ ＿♥＿ ＿＿ います。
① ありながら　② 生活を　③ 貧しそうな　④ して

7) 今日は、授業もあるし、＿＿ ＿♥＿、 ＿＿ ＿＿ なくちゃ。
① サークルも　② 学校に　③ あるし　④ 行か

8) 地下鉄で＿♥＿ ＿＿ ＿＿ ＿＿遅れてしまったな～。
① 間に合ったのに　② しまったので　③ バスに乗って　④ 行けば

9) もう少し大きい声で話してください。 ＿＿ ＿＿ ＿♥＿ ＿＿ 聞こえません。
① ので　② よく　③ うるさい　④ まわりが

10) 野菜 ＿♥＿ ＿＿、＿＿ ＿＿ 合わない。
① 食べないのでは　② 栄養　③ しか　④ バランスが

11) 先生 ＿＿ ＿＿ ＿＿ ＿♥＿ もう一度、教えていただけませんか。
① 考えても　② 理解できない　③ いくら　④ ので

4 종조사

ね

1. 동의

■ 상대방에게 동의를 구하거나, 상대방의 말에 동의하는 경우에 쓰인다.

吉田：今日はいい天気ですね。
金　：本当にいいお天気ですね。

[영화가 끝난 후]
渡辺：いや、とてもおもしろかったですね。
高橋：ええ、あの女優、きれいでしたね。

■ 화자가 동의를 구하지만 청자가 반드시 화자의 말에 동의하지 않을 경우도 있다.

A：これ、うまいですね。
B：そうですか。いや、私はちょっと。

田中：今日は寒いですね。
林　：ええ、でも、今日より昨日の方がもっと寒かったですよ。

A：あの車かっこいいですね。
B：ああいうタイプが好きなんですか。私の好みではありませんね。

2. 확인

■ 상대에게 가볍게 확인하는 느낌을 나타내는 경우. 끝을 올려서(↗) 말한다.

客　：新宿までの切符、二枚ください。
駅員：新宿ですね。

佐藤：待ち合わせは、午前8時ですね。
山本：はい、そうです。駅前に8時です。

客　：すみません。ソウルまでいくらですか。
駅員：三万ウォンです。
客　：三万ウォンですね。

3. 감동・감탄

A：ほら、見てください。すごいでしょう。
B：あら、いい眺めですね。

[친구에게 생일 선물을 주는 장면]
なつこ：ユミさん、誕生日おめでとう。
ユミ　：わぁ、これ誕生日のプレゼント？ありがとう、とてもかわいいね。

4. 요구

■「의뢰, 권유, 명령표현」에 접속하여 상대방에게 부드러운 느낌으로 친밀감을 가지고 부탁・요구하는 경우에 사용한다. 「ね」바로 앞에서 하강한 후, 「ね」를 올린다.(↗)

もし、明日時間があったら一緒に行きましょうね。

子供の誕生日だから早く帰ってくださいね。

富美子(ふみこ)さん、卒業までしっかり勉強しなさいね。

由美子(ゆみこ)のことを知っているかどうか聞いてもらえませんかね。

■ 단, 명령형에는 접속하지 않는다.

*飲め飲め。好きなだけ飲めね。

よ

1. 정보제공・다짐

■ 상대가 모르는 내용에 대해 설명할 때 사용

A：この映画は面白いですか。
B：ええ、面白いですよ。

A：このかばん1万円もするんですか。高いですね。
B：いや、あまり高くない方ですよ。
　　あれの方がもっと高いですよ。

2. 재권유

A：日曜日、カラオケに行きませんか。

B：いや、僕は音痴(おんち)だからカラオケはちょっと。

A：そんなこと気にしないで、一緒に行きましょうよ。

明後日(あさって)、来てください。

よ。 → (안 오려는 사람에게 재차 요청)

ね。 → (친근감을 가지고 권유・부탁 표현)

3. 비난・반문

A：彼女と別れたって。

B：誰がそんなことを言ったんだよ。

A：タバコ、どこにある?

B：食卓においてあったのなら、今朝捨てたよ。(정보제공)

A：どうして勝手に捨てたんだよ。

[친구에게 무리한 일을 부탁받고]

A：ねえ、週末のお見合い、僕の代わりに行ってくれない。頼む。

B：おれにそんなことできるかよ。(できない)。

よね

- 화자가 어느 정도 확신을 가지고 있지만 불명확한(확신이 없는) 내용에 대해 청자에게 「확인」할 때 쓰인다.

A：修学旅行は水曜日からですよね。

B：はい、そうです。

A：あれ、ケイタイがない。さっき、私ここに置いたよね。

B：さあ、僕知らないよ。

A：高橋さんが今日テストがあるって言ってたけど、明日ですよね。

B：いや、今日なんだよ。

「か」vs「ね」vs「よ」vs「よね」

■ か

화자가 단순히 청자에게 질문할 때

これは誰の傘ですか。

■ ね

화자가 불명확한 사실에 대해서 청자에게 확인할 때

A：これはあなたの傘です{ね/*よ}。
B：いいえ。ちがいます。私のは、あの黄色いのです。

■ よ

정보제공, 상대방이 모르거나 잘못 알고 있는 사실을 알려줄 때

A：明日、金さんも来ますね。
B：いや、金さんは来ません{よ/*ね}。

■ よね

화자가 어느 정도 확신하고 있는 사실을 다시 한 번 청자(상대방)에게 확인할 때

사실	비사실
A：出発は明日ですよね。 B：はい。そうです。明日です。	A：出発は明日ですよね。 B：いや、明後日ですよ。

∴ 사실에 대한 화자의 확신 정도는 「よ」가 가장 확신의 정도가 강하며 「よね」「ね」로 갈수록 확신의 정도가 떨어진다. 「か」는 사실에 대한 정보가 거의 없는 단순의문인 경우에 사용한다.

これは田中さんのコップですよ(↓)。 이것은 다나카씨의 컵이예요.

これは田中さんのコップですよね(⤻)。 이것은 다나카씨의 컵이지요? 그죠?

これは田中さんのコップですね(↗)。 이것은 다나카씨의 컵이지요?

これは田中さんのコップですか(↗)。 이것은 다나카씨의 컵입니까?

の

[명사: N+なの / な형용사: だ→なの / い형용사・동사: 기본형+の]

1. 확인

- 金さんが好きなの?
- 何回してもいいの?
- あなたはどう考えているの?
- あのピッチャーはどんな選手なの?

2. 단정

■ 문말을 조금 부드럽고 친근감 있게 하는 경우 사용한다.

- A：お風呂は熱くないですか。
  B：私は熱いお風呂が好きなの。
- A：田中さんも水泳が好きなの？
  B：実は、私あまり泳げないの。
- A：いつもりんごの皮(かわ)を剥(む)かないで食べるの？
  B：うん、そうなの。
- A：どこか行くの？
  B：これから、何かおいしいものを食べに行こうって約束があるの。

な

1. 금지 (남성들의 강한 표현 「~하지마」)

[동　사：기본형＋な]

- この芝生(しばふ)には入るな。
- つまらない随筆(ずいひつ)は決して読むな。
- あまり人を馬鹿(ばか)にするようなことは言うな。

2. 가벼운 명령, 권유 (여학생들은 거의 사용 안 함. 주로 노인들이 사용)

[동　사 : ます형 + な]

■ 「なさい」의 생략된 표현으로 「なさい」보다 친근감 있고 부드러운 느낌을 준다.

行きな。行けば分かる。

喋らないで! こっちに来な。

暑いからクーラーをつけな。

俺が力を貸してやるから、安心しな。

なあ

1. 감탄

美しい夕日だなあ。

いいなあ。私も食べたい。

初めて聞いたんだけど、きれいな曲だなあ。

年下の彼氏と付き合うなんて、羨ましいなあ。

2. 완곡한 단정・독백

できないと思うなあ。

あ、娘さんの気持ちすごくよく分かるなあ。

実に興味深いご意見でした。勉強になりますなあ。

まだ、お腹空かないね。お昼をたくさん食べたからなあ。

わ

[명사: N+だわ / な형・ い형・동사: 기본형+わ]

1. 감동・감탄・놀람

■ 여성들이 주로 사용한다.

素晴らしい先生だわ。

ピカソの絵、すてきだわ。

四月に雪が降るなんて、驚いたわ。

2. 가벼운 주장

■ 자신의 의견을 가볍게 제시하는 경우, 남자는 주로「よ」를 사용한다.

私は遠慮するわ。

できるだけそうするわ。

泣いたりしちゃ駄目(だめ)だわ。

ぞ

■ 자신의 의지를 강하게 「강조」해서 표현할 때 쓰인다. 남성어이지만 최근에는 여성도 사용하는 경향이 있으며, 혼잣말로도 쓰인다.

よし。やるぞ。

絶対に行くぞ。

俺は諦めないぞ。

さ

[명　　사 : N + さ]
[い형용사 : ～い → 기본형 + さ]
[な형용사 : ～だ → ーだ + さ]
[동　　사 : 기본형 + さ]

1. 주장

- 상대방에게 자신의 판단이 당연하다고 생각하거나, '틀림없이~일거야, 아마~이다' 확신을 가지고 말하는 경우에 주로 쓰인다. 남성이 많이 사용한다.

やっても無駄さ。

彼女は、今ごろ後悔しているに違いないさ。

A：明日、どうなるかな。
B：心配するなよ。勝つに決まっているさ。

2. 반문・반발・비난

- 의문의 패턴 [V기본형+の]에 접속한다. 상대방에게 반문하거나 반발하는 경우로, 그런 동작(행위)를 하지 말라고 하는 경우에 쓰인다. 〈~거니, ~거야〉

何をうろうろしているのさ。

何でそんなことまで私に言うのさ。

もん(もの)

- 문말에 붙여 자신의 정당성을 「주장」하며, 주로 여성과 어린이가 사용한다.

1. 주장

A：また、出かけるの。
B：うん。だって弟も行くんだもん。僕も行かせてよ。

A：どうして何も食べないの。
B：だって、私ダイエットしてるんだもん。

2. 불평・불만

母　：このごろ、太郎と遊ばないわね。
息子：太郎は、毎日塾だもん。

由美子(ゆみこ)：ねえ、お母さん。お小遣いちょうだい。
母：由美子、うちは金持ちじゃないんだよ。
由美子：だって、由実子、ほしいものがあるんだもん。

ものか(もんか)

■ 강한 「반발」이나, 딱 잘라 「부정」할 때 쓰인다. 회화에서는「もんか」로도 사용된다. 예문 뒤의 ( ) 안에 표현이 생략되었다고 보면 된다.

恋なんてもう二度とするものか。(→ 絶対しない)

あんな馬鹿なことがあるものか。(→ 絶対あり得ないと思う)

あんたなんかに私の気持ちが分かるもんか。(→ 絶対分からないだろう)

っけ

■ 갑자기 기억이 나지 않아 상대방에게 「확인」하는 경우 사용한다.

1. 확인1 (갑자기 기억이 나지 않는 경우)

予約番号(よやくばんごう)は何番だっけ。

「一緒にスケートに行こう」って約束したのは、いつだっけ。

2. 확인2

「～じゃなかった」에 접속하여 원래 알고 있던 사실과 다르다는 것을 알고 확인할 때

君は高校生じゃなかったっけ。

私より年上じゃなかったっけ。

って

■ 전문 : 다른 사람에게 들은 말을 전하는 경우에 사용한다.

1. 전문 〈~래, ~한데〉

- 田舎に子どもを預けてるんですって。
- 今、開店サービスで半額なんだって。
- 先生がね、この後、少し休憩時間を入れるって。

2. 인용 〈~하자고〉 (＝～しようって)

- 別れようって言い出したのは君の方でしょう。
- 自分の部屋は自分で片付けようって言ってたよ。

ってば ~라니까 / ~다니까

■ 「상대방의 말을 부정」하여 자신의 생각을 강하게 재차 주장하는 경우에 사용한다.

- A：何で今行かないの。
  B：行くってば。行けばいいでしょう。
- A：おじいさんの具合(ぐあい)が悪いみたいだよ。
  B：具合が悪い？　ほんとう? うそだろう。
  A：うそじゃないってば。
- A：サッカー、サッカーって言って、塾にも行かないんだから…。
  B：いいんだってば。僕はサッカーの選手になりたいんだから。
- 母：このワンピースの方がもっと似合うよ。
  娘：私、この短いスカートがいいんだってば。

연 습 문 제

1. 제시된 조건의 문장이 되도록 알맞은 종조사를 선택하시오.

1) 行く(① もんか / ② ぞ)。➔ 강한 부정

2) これが柿の木だ(① よね / ② よ)。➔ 확인

3) もう8時だよ。早く起き(① な / ② もん)。➔ 명령

4) この漢字、間違ってる(① ってば / ② って)。➔ 재차 주장

5) 公共(こうきょう)の場(ば)で携帯電話は使う(① もんか / ② な)。➔ 금지

6) 今度の社員旅行、あなたも来る(① わ / ② の)? ➔ 확인

7) 今回は遠慮する(① ね / ② ってば)。➔ 재차 주장

8) あんなまずいレストランなんか、２度と行く(① もん / ② もんか)。➔ 강한 반발

9) 天気予報によると、台風が近付いているんだ(① って / ② よ)。➔ 전문

10) 鈴木さんのことを知っているかどうか聞いてもらえませんか(① よ / ② ね)。➔ 부탁

종합연습문제

1. 次の文の(　　　)に入れるのに最も よいものを、①・②・③・④ から一つ選びなさい。

1) A：よく言うわよ、そんな勝手なこと。
B：本当なんだっ(　　　)。

① てば　② ね　③ っけ　④ よ

2) 今年の梅雨は長いんだ(　　　)。

① の　② って　③ もんか　④ さ

3) あいつは泥棒の手先だから気を(　　　)。

① つけるな　② つけな　③ つくな　④ つきな

4) このケーキ食べてみて。おいしい(　　　)。

① よ　② よね　③ っけ　④ ものか

5) お母さん、子供の頃は家の庭に大きな松の木があった(　　　)。

① もんか　② け　③ っけ　④ てば

6) あんなレストランには、もう二度と行く(　　　)。

① もんか　② もの　③ っけ　④ ぞ

7) (いっしょに景色を見ながら)いいところです(　　　)。

① ぞ　② ね　③ っけ　④ の

8) 母：野菜ジュース、全部飲みなさい。
娘：今朝も飲んでみたけど、おいしくなかった(　　　)。

① っけ　② もん　③ もんか　④ か

9) 主人は子供にそういう説明をしない人な(　　　)。

① ね　② よね　③ の　④ もんか

10) A：(眼鏡を探しながら) ゆうべ、めがね、ここに置いた(　　　)。
B：そんなこと知らないよ。

① よ　② さ　③ って　④ よね

2. 次の文の＿＿＿＿に入る最もよいものを、①・②・③・④ から一つ選びなさい。

1) A: 困ったな。どうしよう。
   B: 今更(いまさら)困る ＿＿＿ ＿＿＿ ＿＿＿ ＿♥＿。
   ① なんて　② もんか　③ こと　④ ある

2) 箸(はし)のマナーは、＿＿＿ ＿＿＿ ＿＿＿ ＿♥＿。
   ① 小さい頃　② 方がいいです　③ 身に付けた　④ よ

3) ここで ＿＿＿。＿＿＿ ＿＿＿ ＿♥＿。
   ① の　② 疲れた　③ 待ってる　④ ちょっと

4) 由美子(ゆみこ)さん、＿＿＿ ＿♥＿ ＿＿＿ ＿＿＿ 。がんばってね。
   ① まで　② 諦める　③ な　④ 最後

5) おい、失礼なことを言うなよ。そちらは、本当の ＿＿＿ ＿＿＿ ＿＿＿ ＿♥＿。
   ① 先生だ　② ってば　③ 大学　④ の

명사

1. 형식명사
2. 조수사
3. 접사
4. 전성명사
5. 복합명사
6. 지시사

1 형식명사

もの 구체적으로 존재하는 사물 · 사람

物	者	もの (형식명사)
⬇	⬇	⬇
손으로 잡을 수 있는 물건은 漢字로	사람인 경우	그 이외 (막연한 대상)

トルコに行って、どんな物を買いましたか。

田中という者が訪ねてきたら、これを渡して下さい。

世の中には色んなものがあふれている。

こと 사고 · 언어활동의 대상 및 동작 · 현상

何もすることがありません。

先生の話を聞いて、感じたことを書いてください。

ちょっと聞きたいことがありますが、いつがよろしいでしょうか。

の

■ 사물 또는 생물을 대신한다.

A：家の中で飼(か)える小さいペットがほしいなあ。

B：小さいのならハムスターがいいかも。
↳「ペット」

A：すみません。その白いシャツを見せてください。

B：この白いのですね。はい、どうぞ。
↳「シャツ」

A：私は辛いカレーがおいしいと思いますが。山本さんは？
B：僕も辛いのが好きです。
↳「カレー」

■ **문장 형태의 주어부를 대신한다.**

皆でたこ焼きを焼くのは楽しい。

一人であんな所へ行くのはいやです。

「こと」vs「の」

1)「こと」만 사용하는 경우

① 전달 · 사고를 나타내는 동사의 앞

- 林(はやし)さんは大学へ進むことを考えている。 (사고)
- (私は妹に) いとこが遊びに来ることを話した。 (전달)

전달・사고 동사 : 考える　信じる　伝える　話す　求める 등

② 정형화된 표현

「～ことにする」・「～ことになる」・「～ことがある」・「～ことはない」등

- タバコを止めることにしました。
- 阿蘇山(あそさん)に登ったことがあるの？
- 国の代表として行くことになった。
- 一度も日本へ行ったことはありません。

③ (추상적) 사항

「です」・「だ」・「である」앞의 내용이 추상적 사항을 나타내는 경우에는
형식명사「の」는 사용하지 않는다.

- 私の趣味はグルメを楽しむことです。
- 去年の目標は免許を取ることでした。

2)「の」만 사용하는 경우 (동작성 행위 / 동작)

①「見る」・「見える」・「聞く」・「聞こえる」・「感じる」등 (지각 동사)의 앞

- 電車が近づいてくるのが見える。

②「止める」・「手伝う」・「待つ」의 앞

- 妻がお好み焼きを作るのを手伝った。

3)「こと」와「の」를 함께 사용할 수 있으나 의미상 차이를 보이는 경우

- 彼が車で歌を歌っているのを見た。 (동작)
  (그가 차에서 실제로 노래 부르는 것을 보았다.)
- 彼が車で歌を歌っていたことを聞いた。 (사실, 추상적 사항)
  (그가 차에서 노래를 부르고 있었다는 말을 들었다.)

わけ　까닭 · 이유

- わけのわからないことを犯人は叫んでいる。
- どうしたわけか、朝から父の様子がおかしい。
- そんなわけがあったとは、想像(そうぞう)もしなかった。

ところ

- エコカーは、こういうところがよくできている。 (부분 · 특징)
- 出かけようとしいているところに電話がかかってきた。 (상황 · 장면)
- お忙しいところ申し訳ございませんが、よろしくお願いします。 (시기)

はず　(제3자가)~할 터, ~일 것

- 金さんは、もうそろそろ着くはずです。
- お祖父さんなら、きっと理解してくれるはずだ。
- 同じことを聞いたはずなのに、どうしてあの二人の答えは、それぞれ違うの。

つもり

1. ~예정, 작정

- 夏休みは国へ帰るつもりです。
- あんなところまで私は行くつもりはないからね。

2. ~한 셈, 의도

死んだつもりでやれば何だってできますよ。

先生になったつもりで教えてみなさい。

cf [동사: ~したつもりだ / い형용사: 기본형+つもりだ / な형용사: だ→ ~なつもりだ]

<그렇게 생각하고 있다, 믿고 있다는 신념>

格安(かくやす)の商品を注文したつもりだが、まったく違う商品が届いた。

80才ですが、気持ちだけは若いつもりです。

まだまだ元気なつもりだけど、この頃体力に自信がなくなってきた。

「はず」vs「つもり」

はず	つもり
○ 확실한 예정 ○ 당연한 예측, 기대 (제3자의 행위)	○ 미온적, 비확정적인 예정 ○ 미루어 짐작, 추량적 성격 (화자의 행위)

部長 : 会議は2時からだよね。田中君は?
社員 : 昨日来ると電話がありましたから、2時前には来るはずです。(제3자)

部長 : お昼はみんなどうするの？
社員 : 会議の準備であまり時間がないから、お弁当を買いに行くつもりです。(화자)

연 습 문 제

1. 다음 괄호 안의 a와 b 중에서 바른 것을 고르세요.

1) 人の（ a. こと / b. もの ）に手を出すな。

2) 隣の部屋からピアノを引く（ a. こと / b. の ）が聞こえた。

3) 分からない（ a. こと / b. わけ ）があったら、いつでもどうぞ。

4) お風呂に入ろうとした（ a. つもり / b. ところ ）にベルが鳴った。

5) 今年で還暦(かんれき)になるが、私はまだ若い（ a. つもり / b. はず ）でいる。

6) レポート15枚だから、1日に5ページずつ、やれば3日で終わる
（ a. わけだ / b. ことだ ）。

2. 밑줄 친 부분 중에서 바르지 않은 것을 고르세요

1) 自分だけでなく、皆が幸福になるのを求めています。
①だけでなく ②に ③の ④ています

2) あなたのいいところはきっとみんな分かってくれるつもりです。
①の ②ところ ③きっと ④つもり

2 조수사

■ 수사(1,2… / 一つ, 二つ…)에 붙어서 단위로 물건의 성질이나 형태를 나타낸다.

단위	개념	1	2	3	4	5	6	7	8	9	10
台	기계, 탈 것 가구	一台(いちだい)	二台(にだい)	三台(さんだい)	四台(よんだい)	五台(ごだい)	六台(ろくだい)	七台(ななだい)	八台(はちだい)	九台(きゅうだい)	十台(じゅうだい)
倍	배수	一倍(いちばい)	二倍(にばい)	三倍(さんばい)	四倍(よんばい)	五倍(ごばい)	六倍(ろくばい)	七倍(ななばい)	八倍(はちばい)	九倍(きゅうばい)	十倍(じゅうばい)
枚	종이, 치마	一枚(いちまい)	二枚(にまい)	三枚(さんまい)	四枚(よんまい)	五枚(ごまい)	六枚(ろくまい)	七枚(ななまい)	八枚(はちまい)	九枚(きゅうまい)	十枚(じゅうまい)
名	사람(정중)	一名(いちめい)	二名(にめい)	三名(さんめい)	四名(よんめい)	五名(ごめい)	六名(ろくめい)	七名(ななめい)	八名(はちめい)	九名(きゅうめい)	十名(じゅうめい)
羽	새, 토끼	一羽(いちわ)	二羽(にわ)	三羽(さんば) 三羽(さんわ)	四羽(よんわ)	五羽(ごわ)	六羽(ろっぱ) 六羽(ろくわ)	七羽(ななわ)	八羽(はちわ)	九羽(きゅうわ)	十羽(じゅっぱ) 十羽(じゅうわ)

단위	개념	1	2	3	4	5	6	7	8	9	10
回	횟수	一回(いっかい)	二回(にかい)	三回(さんかい)	四回(よんかい)	五回(ごかい)	六回(ろっかい)	七回(ななかい)	八回(はっかい)	九回(きゅうかい)	十回(じゅっかい)
階	층	一階(いっかい)	二階(にかい)	三階(さんがい)	四階(よんかい)	五階(ごかい)	六階(ろっかい)	七階(ななかい)	八階(はちかい) 八階(はっかい)	九階(きゅうかい)	十階(じゅっかい)
軒	작은 건물	一軒(いっけん)	二軒(にけん)	三軒(さんげん)	四軒(よんけん)	五軒(ごけん)	六軒(ろっけん)	七軒(ななけん)	八軒(はっけん)	九軒(きゅうけん)	十軒(じゅっけん)
冊	책, 노트	一冊(いっさつ)	二冊(にさつ)	三冊(さんさつ)	四冊(よんさつ)	五冊(ごさつ)	六冊(ろくさつ)	七冊(ななさつ)	八冊(はっさつ)	九冊(きゅうさつ)	十冊(じゅっさつ)
足	신발, 양말	一足(いっそく)	二足(にそく)	三足(さんぞく)	四足(よんそく)	五足(ごそく)	六足(ろくそく)	七足(ななそく)	八足(はっそく)	九足(きゅうそく)	十足(じゅっそく)
着	옷	一着(いっちゃく)	二着(にちゃく)	三着(さんちゃく)	四着(よんちゃく)	五着(ごちゃく)	六着(ろくちゃく)	七着(ななちゃく)	八着(はっちゃく)	九着(きゅうちゃく)	十着(じゅっちゃく)
頭	큰 동물 소, 말	一頭(いっとう)	二頭(にとう)	三頭(さんとう)	四頭(よんとう)	五頭(ごとう)	六頭(ろくとう)	七頭(ななとう)	八頭(はっとう)	九頭(きゅうとう)	十頭(じゅっとう)
杯	잔 그릇	一杯(いっぱい)	二杯(にはい)	三杯(さんばい)	四杯(よんはい)	五杯(ごはい)	六杯(ろっぱい)	七杯(ななはい)	八杯(はっぱい)	九杯(きゅうはい)	十杯(じゅっぱい)
泊	숙박	一泊(いっぱく)	二泊(にはく)	三泊(さんぱく)	四泊(よんぱく)	五泊(ごはく)	六泊(ろっぱく)	七泊(ななはく)	八泊(はっぱく)	九泊(きゅうはく)	十泊(じゅっぱく)
匹	작은 동물 개, 고양이	一匹(いっぴき)	二匹(にひき)	三匹(さんびき)	四匹(よんひき)	五匹(ごひき)	六匹(ろっぴき)	七匹(ななひき)	八匹(はっぴき)	九匹(きゅうひき)	十匹(じゅっぴき)
本	가늘고 긴 것	一本(いっぽん)	二本(にほん)	三本(さんぼん)	四本(よんほん)	五本(ごほん)	六本(ろっぽん)	七本(ななほん)	八本(はっぽん)	九本(きゅうほん)	十本(じゅっぽん)

단위	개념	1	2	3	4	5	6	7	8	9	10
人	사람(일반)	一人(ひとり)	二人(ふたり)	三人(さんにん)	四人(よにん)	五人(ごにん)	六人(ろくにん)	七人(ななにん)	八人(はちにん)	九人(きゅうにん)	十人(じゅうにん)
箱	상자	一箱(ひとはこ)	二箱(ふたはこ)	三箱(さんぱこ)	四箱(よんぱこ)	五箱(ごはこ)	六箱(ろっぱこ)	七箱(ななはこ)	八箱(はっぱこ)	九箱(きゅうはこ)	十箱(じゅっぱこ)

- 一泊２日朝食(ちょうしょく)付(つ)きで六千円は激安(げきやす)です。
- 田舎のお祖母さんはウサギを三羽を飼っていました。
- 普通、男性は靴を２、３足、女性は５、６足持っているはずです。

3 접사

■ 단어의 앞 또는 뒤에 붙어 그 뜻을 더하거나 품사를 바꿔 새로운 단어를 만든다.
접사가 붙는 위치에 따라 접두사와 접미사로 나눌 수 있다.

접두사

	접두사	어휘	예문
형용사	新(しん)～	新技術(しんぎじゅつ)・新商品(しんしょうひん) 新発見(しんはっけん)・新発売(しんはつばい)	ただいま新発売キャンペーン実施中！ 人間の可能性を広げるような新技術が生み出された。
	大(だい)～	大公開(だいこうかい)・大成功(だいせいこう) 大人気(だいにんき)・大満足(だいまんぞく)	今回の作戦は大成功である。 バイキングは大人にも子供にも大人気です。
부정	反(はん)～	反政府(はんせいふ)・反比例(はんぴれい)	政府と反政府勢力が対立している。 皆さんは比例と反比例をご存知ですか。
	非(ひ)～	非営利(ひえいり)・非言語(ひげんご) 非常識(ひじょうしき)・非通知(ひつうち)	NGOやNPOなどは非営利団体である。 今朝、電車の中でとても非常識な人を見かけた。
	不(ふ)～	不自然(ふしぜん)・不親切(ふしんせつ) 不必要(ふひつよう)・不愉快(ふゆかい)	彼の何気ない一言で不愉快になった。 この文章は不自然で使いものにならない。
	無(む)～	無関心(むかんしん)・無害(むがい) 無気力(むきりょく)・無責任(むせきにん)	政治のことに無関心な国民が多い。 肝臓が悪くなると、疲れやすく無気力になる。
	未(み)～	未開発(みかいはつ)・未経験(みけいけん) 未成年(みせいねん)・未発達(みはったつ)	この仕事は未経験者でも応募可能です。 未成年者とは、満20歳未満の方のことです。
그 외	再(さい)～	再確認(さいかくにん)・再就職(さいしゅうしょく) 再利用(さいりよう)・再放送(さいほうそう)	ゴミになってしまう物の再利用法を紹介します。 このサイトは再就職に関する情報がいっぱいです。
	全(ぜん)～	全国民(ぜんこくみん)・全人類(ぜんじんるい) 全世界(ぜんせかい)・全世代(ぜんせだい)	全国民の支持を得て当選した。 現在、世界には何カ国あるのでしょうか？
	第(だい)～	第三巻(だいさんかん)・安全第一(あんぜんだいいち) 第二次世界大戦(だいにじせかいたいせん)	会社の経営方針としては安全第一が何よりである。 第二次世界大戦がいつ勃發したか知っている？
	副(ふく)～	副(ふく)キャプテン 副作用(ふくさよう)・副首相(ふくしゅしょう)	今年のキャプテンと副キャプテンが決まりました。 この薬を飲んだら、どんな副作用がありますか。
	真(ま)っ～	真(ま)っ黒(くろ)・真(ま)っ最中(さいちゅう) 真(ま)っ白(しろ)・真(ま)っ平(ぴら)	帰宅すると父と母が喧嘩の真っ最中だった。 青い空、真っ白な砂浜、ここぞパラダイスだ！

접미사

	접미사	어휘	예문
인물	～員	公務員・社員 乗務員・審査員	安定した収入が得られる公務員になりたい。 乗務員一同、心よりお詫び申し上げます。
	～家	音楽家・小説家 専門家・マンガ家	私は将来、小説家を目指しています。 彼は機械にかけては専門家並みの知識を持っている。
	～人	一般人・韓国人 外国人・社会人	日本での外国人登録がとても簡単になった。 今日は社会人になった初日なのでドキドキする。
가계·건물	～館	会館・水族館 美術館・博物館	サメは水族館でも見られる。 新入生のオリエンテーションは体育館で行われます。
	～屋	居酒屋・花屋 パン屋・文房具屋	新歓コンパは、居酒屋でわいわい楽しみましょう！ 学校前の文房具屋はいつも子供たちで賑わっている。
시간	～頃	今頃・十一月頃 日頃・昼頃	健康のために、日頃の運動は欠かせない。 今頃、私の故郷では桜の花が咲いているだろう。
	～時	掲載時・災害時 常時・非常時	営業社員を常時募集しています。 いざという時、頼りになる災害時ナビサービスができた。
	～代	30代	実際に会ってみると彼は30代そこそこであった。 晩婚化が進んで30代で結婚する女性が増えている。
	～中	試験期間中 食事中・旅行中	旅行中の大きな荷物、どうしていますか。 アメリカでは食事中、ゲップをしたら大変失礼になる。
방법	～方	言い方・行き方 使い方・読み方	新しいスマホの使い方を教えてもらった。 社会人になったのだから学生時代のような話し方はやめなさい。
방향	～側	裏側・外側・窓側 右側・南側	出来れば、窓側の席をお願いします。 この道をまっすぐ行くと、右側に交番があります。
행사	～式	開会式・結婚式 (お)葬式・入学式	最近の結婚式は「地味婚」が流行っているようだ。 ロンドンオリンピックの開会式で女王が大活躍した。

	접미사	어휘	예문
생산지 재료	～製	革製・スイス製 手製・ナイロン製	時計といえばスイス製だろう。 丈夫で大きい革製のかばんがほしい。
사용자 · 사용 목적	～向け	子供向け·女性向け 初心者向け	あの映像は初心者向けの動画です。 女性向けの車が登場して、話題になっている。
	～用	大人用・家庭用 個人用・団体用	当店では子供用は、扱っておりません。 大人用のライフジャケットの方がもっと高い。
경향	～がち	ありがち・考えがち 思われがち	海外旅行は高いと思われがちだが、激安ツアーもある。 ドラマの中だけでなく現実でもありがちなことですね。
	～気味	風邪気味·太り気味 疲れ気味	風邪気味なので早退した。 最近、ちょっと太り気味なので運動を始めた。
	～っぽい	飽きっぽい・男っぽい 忘れっぽい	あなたは、飽きっぽい性格ですか。 この頃、母が忘れっぽくなって心配です。
양태	～だらけ	血だらけ・泥だらけ ほこりだらけ	倉庫から出した本は、ほこりだらけだった。 雨の中、試合をやったら泥だらけになる。
돈 · 비용	～金	敷金・奨学金 入学金・保証金	私費留学生は入学金免除となります。 奨学金の場合、親が連帯保証人になります。
	～代	ガス代・電気代 タクシー代・水道代	管理費には電気代と水道代が含まれている。 最近はタクシー代までクレジットカードで支払うことができる。
	～費	交際費・交通費 光熱費・生活費	遠距離恋愛は、交通費もバカにならない。 毎月、親から生活費を仕送りしてもらっている。
	～料	授業料・使用料 入場料	毎月、スマホの使用料を払わなくてはならない。 ただいま、モバイル会員になると入場料が無料！
모임	～会	歓迎会・同窓会 勉強会・忘年会	年末年始は、忘年会で忙しい。 初心者も気軽に参加できる勉強会です。

	접미사	어휘	예문
대우 표시	~氏(し)	鈴木氏(すずきし)・細川氏(ほそかわし)	今回のノーベル賞受賞は、鈴木氏である。 細川氏が言っている事が悪いとは思いません。
	~様(さま)	お客様(きゃくさま)・橋本様(はしもとさま) 皆様(みなさま)・四名様(よんめいさま)	四名様のご予約ですね。 お客様、更衣室はこちらでございます。
양식	~的(てき)	一方的(いっぽうてき)・国民的(こくみんてき) 全体的(ぜんたいてき)・専門的(せんもんてき)	短期間で全体的に痩せたい。 利用者の同意なしの一方的な情報発信が問題になっている。
	~化(か)	国際化(こくさいか)・少子化(しょうしか) 情報化(じょうほうか)・西洋化(せいようか)	フランスは少子化問題に悩んでいる。 情報化社会でパソコンは欠かせないものになっている。
	~風(ふう)	京都風(きょうとふう)・芸術家風(げいじゅつかふう) 中国風(ちゅうごくふう)・広島風(ひろしまふう)	駅前に中国風の居酒屋ができた。 夕べ、広島風お好み焼きを食べました。
	~流(りゅう)	イギリス流(りゅう)・韓流(かんりゅう) 二刀流(にとうりゅう)	イギリス流のクリスマスパーティーに招待された。 韓流に伴い、韓国語講座(こうざ)テキストの売り上げが伸びた。
순서	~目(め)	一限目(いちげんめ)・一年目(いちねんめ) 三回目(さんかいめ)・八代目(はちだいめ)	一限目から日本語の講義がある。 私はこの会社に入社してまだ一年目です。
복수 표시	~方(がた)	あなた方 先生方	あなた方のおっしゃる通りです。 学校の先生方を対象にしたアンケートです。
	~達(たち)	あなた達(たち)・俺達(おれたち) 君達(きみたち)・私達(わたしたち)	この部屋は君たちのものだ。 俺達はどこですれ違ったのだろうか。
	~ら	お前(まえ)ら・僕(ぼく)ら・私(わたし)ら	俺のことだから、お前らとは関係ない。 あの頃、私らは何でも全力をつくした。

Tip

人 {
- じん — 外国人
- にん — 犯人・三人
- ひと — いい人・わるい人・人がいい・人出(ひとで)・盗人(ぬすびと)

「~ちゅう(中)」vs「~じゅう(中)」

ちゅう	じゅう
~동안 어느 시점 午前中、授業中、食事中、裁判(さいばん)中、仕事中、試験中、ダイエット中、日中(にっちゅう) 등	온/~전/~종일/~에 걸쳐서 一日中、家中、世界中、学校中 등

- 今、会議中でしたら、後でかけ直します。
- せっかくの休みなのに一日中家でゴロゴロするなんて、もったいない。

복수를 나타내는「がた」vs「たち」vs「ら」

■「がた」: 손윗사람에게 사용한다.

- あなた方は、どちらからおいでになりましたか。
- 先生方の温(あたた)かいご指導(しどう)に感謝(かんしゃ)いたします。

■「たち」: 상 · 하 관계를 구별하지 않는다.

- 私たちは学生です。
- (先生が生徒に) あなたたちは教室に戻りなさい。

■「ら」: 자신의 일가, 대등관계, 손아랫사람에게 사용한다.

- (大人が子供に) こんなところで、君らは何を探しているの。

「人たち」vs「人々」

人たち	人々
복수로 이루어진 하나의 집합체	구성원 개개의 집합체

- 今回の事故で多くの人たちが怪我(けが)した。
- 大切なのは多くの人々に正しい情報(じょうほう)を届けることです。

연 습 문 제

1. 다음 조수사 중「一」의 발음이 다른 것을 고르세요.

① 一杯　　② 一本　　③ 一箱　　④ 一回

2. 다음 괄호 안의 a와 b 중에서 바른 것을 고르세요.

1) あんな言葉を口にするなんて(a. 非 / b. 不) 常識きわまりない。

2) 熱もあるし、せきも出るし、風邪 (a. 気味 / b. がち) みたいで。

3. 다음 단어 중「人」의 발음이 다른 것을 고르세요.

① 外国人　　② 一般人　　③ 韓国人　　④ 犯人

4. 다음 단어 중「中」의 발음이 다른 것을 고르세요.

① 午前中　　② ダイエット中　　③ 世界中　　④ 仕事中

4 전성명사

동사 → 명사

帰る(사전형) ▸ 帰ります(ます형) → 帰り(전성명사)

遊ぶ → 遊び　動く → 動き　踊る → 踊り　決まる → 決まり　答える → 答え
頼む → 頼み　釣る → 釣り　問う → 問い　流れる → 流れ　晴れる → 晴れ

- あなたの喜びは、私の喜びでもある。 (喜ぶ → 喜び)
- 最も適した答えをAからDの中で選んでください。 (答える → 答え)

본래 명사가 아닌 단어가 명사로 된 것이 전성명사이다. 단, 동사 「ます형」 전부가 명사로 바뀌는 것은 아니다.

食べる → *食べ　　知る → *知り

형용사 → 명사

[イ형용사 : ~い → さ・み・け・め・く]
[ナ형용사 : ~だ → さ]

1. イ형용사

1) ~い → さ

寒い → 寒さ　重い → 重さ　広い → 広さ　長い → 長さ

- 季節によって夜の長さが変わる。
- 冬の寒さと言えば、やっぱり北海道でしょう。

2) ~い → み

深い → 深み　弱い → 弱み　強い → 強み　悲しい → 悲しみ

- 深みのある人生ってどんなものですか。
- あれは人の弱みを狙った商売ですね。

「重さ」vs「重み」

- このコートの重さはどのぐらいになりますか？
- 品物がポストに入る大きさなら、重さを計って送料を計算します。
- 教師として使命感の重みを感じます。
- 二階建てのどっしりとした重みのある駅である。

重さ	重み
상태 · 정도 표현 (무게)	감정 · 정신적 표현 (중압감)

3) ~い → け

眠い → 眠け　寒い → 寒け

- 眠けを吹っ飛ばす方法は何ですか。
- 寒けがするときは体を温めるといいです。

4) ~い → め

細い → 細め　多い → 多め　少ない → 少なめ　大きい → 大きめ

- 夕ご飯を少なめにすれば健康にいい。
- イランの女性は細めのズボンが着用禁止だそうです。

5) ~い → く

遠い → 遠く　近い → 近く　多い → 多く　古い → 古く

- 遠くの親戚より近くの他人。
- 銀座には多くの店が立ち並んでいます。

2. ナ형용사 : ~だ → さ

便利だ → 便利さ　勤勉(きんべん)だ → 勤勉さ　新鮮(しんせん)だ → 新鮮さ　退屈(たいくつ)だ → 退屈さ

- 彼の勤勉さは誰もが知っている。
- あなたは日常生活の中で退屈さを感じていますか。

「 多い人」vs「多くの人」

「多い・遠い」가 뒤에 오는 명사를 수식 할 경우, 전성명사의 형태로 사용된다.

「~い → く」 + の + 명사

- 夏休みとあって、ヘウンデに多くの人が訪れた。(많은 사람)
- 秋恒例のセール期間とあって、遠くの大手スーパまで足を運んだ。(멀리 떨어진 대형 슈퍼)

단, 아래의 경우는 형태변화 없이 그대로 명사를 수식하는 경우도 있다.

① 문장이 뒤에 오는 명사를 수식할 때

- 彼女は仕事だけでなく家事までやることが多い。

(仕事だけでなく家事までやることが多い)彼女は慌(あわ)ただしい毎日を過ごしている。

- 釜慶大学の近くには美味しいコーヒーショップが多い。

(美味しいコーヒーショップが多い)釜慶大学の近くで会いましょう。

② 서술어가 시간적 성격을 가질 때

- そんな遠い昔の話はもうやめてください。

연 습 문 제

1. 다음 괄호 안의 a와 b 중에서 바른 것을 고르세요.

1) お祖父さんの死は、彼女に大きな（ a. 悲しみ / b. 悲しさ ）を与えた。

2) 野菜の（ a. 新鮮み / b. 新鮮さ ）を保つためにはどうすればいいですか。

3) ちょっときついですね。もう少し（ a. 大きさ / b. 大きめ ）のシャツはありませんか。

4) うちの(a. 近く / b. 近み ）にはコンビニがないので、すごく不便です。

2. 아래의 형용사를 명사형으로 바꾸세요.

1) 夕べから熱があって(________)までする。
寒い

2) この魚の(________)と(________)をはかる。
重い 長い

3) ピクルスとソースを(________)にお願いします。
多い

4) (________)に住んでいて車の(________)をつくづくと感じている。
遠い 便利だ

5 복합명사

■ 두개이상의 단어가 합쳐서 하나의 명사가 된 것이다.

구조	어휘	예문
명사+명사	花瓶、牛肉、天気予報	リゾート地の天気予報をチェックしてみましょう。
명사+동사 명사형	夏休み、花見、昼寝	インドでは昼寝の時間があるそうです。
동사+동사 명사형	受付、売り上げ、押し入れ	修理受付サービスについてご案内いたします。
동사+명사	贈り物、食べ物、出口	すてきな贈り物、誠にありがとうございました。
형용사+명사	広場、長袖、暗闇	お店の前の広場に大勢の人が集まっている。

「복합명사의 발음」

1) 형태에 변화 없음 ○○+◇◇=○○◇◇

手首：手(て) + 首(くび) → てくび
街角：街(まち) + 角(かど) → まちかど
山道：山(やま) + 道(みち) → やまみち

2) 연탁 현상 (예외도 많음) ○○+◇◇=○○◆〃◇

ゴミ箱：ゴミ + 箱(はこ) → ＊ゴミはこ ⇨ ごみばこ
鼻血：鼻(はな) + 血(ち) → ＊はなち ⇨ はなぢ
虫歯：虫(むし) + 歯(は) → ＊むしは ⇨ むしば

3) 모음 변화 ○○+◇◇=○●◇◇

雨具：雨(あめ) + 具(ぐ) → ＊あめぐ ⇨ あまぐ
酒屋：酒(さけ) + 屋(や) → ＊さけや ⇨ さかや
船旅：船(ふね) + 旅(たび) → ＊ふねたび ⇨ ふなたび

4) 모음 변화와 연탁 현상 ○○+◇◇=○●◆〃◇

雨傘：雨(あめ) + 傘(かさ) → ＊あめかさ ⇨ あまがさ
風車：風(かぜ) + 車(くるま) → ＊かぜくるま ⇨ かざぐるま
胸毛：胸(むね) + 毛(け) → ＊むねけ ⇨ むなげ

5) 자음삽입 ○○+◇◇=○○◆◇

小(ko) + 雨(ame) → こさめ(kosame)
春(haru) + 雨(ame) → はるさめ(harusame)
真(ma) + 青(ao) → まっさお(mattsao)

子供が転んで鼻血を出している。

丘の上にある風車がそよ風に吹かれて、くるくると回っている。

あの街角を曲がると、口コミで話題の酒屋があります。

病気のせいか、雪子(ゆきこ)ちゃんは真っ青な顔をしていた。

연 습 문 제

1. 다음 「전성명사」 중 형태가 바르지 않은 것을 고르세요.

1) ① 頼り ② 問い ③ 踊り ④ 知り

2) ① 暑さ ② 重さ ③ 遠さ ④ 眠け

2. 다음 「복합명사」 중 구조(접속 형태)가 다른 것을 고르세요.

1) ① 受付 ② 花瓶 ③ 牛肉 ④ 天気予報

2) ① 花見 ② 昼寝 ③ 小鳥 ④ 後書き

3. 다음 「복합명사의 발음」 중 성격이 다른 것을 고르세요.

1) ① 春雨 ② 山道 ③ 街角 ④ 手首

2) ① 雨具 ② 船旅 ③ 酒屋 ④ 虫歯

4. 밑줄 친 부분 중에서 바르지 않은 것을 고르세요.

1) 人間と(①)自然のおだやかな(②)距離は、すでに遠い(③)の存在となってしまったのだろう(④)か。

2) インターネットの(①)便利さな(②)裏には、さまざまな情報をすべてデータ通信で(③)行うという「リスク」も(④)あります。

6 지시사

현장지시 눈앞에 보이는 사항이나 사물을 지시할 때

1. 화자와 청자가 떨어져 있을 때

1) 화자의 영역은「コ」, 상대방의 영역은「ソ」로 나타낸다.

[수업 시간에 교수가 학생에게 프린터물을 보여주면서]
教授 : 来週の授業には、このプリントを持ってきてください。
学生 : 先生、それはどこでダウンロードできますか。

2) 화자와 상대방 둘 다에게서 먼 영역은「ア」로 나타낸다.

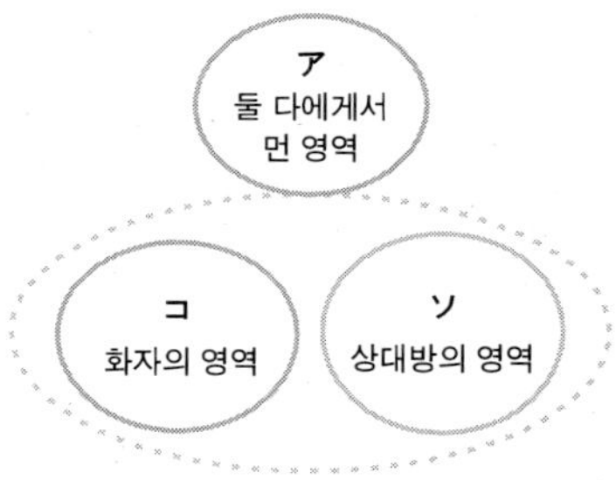

[로비에서 직원에게]
A : シンポジウムの参加者ですけど。
B : あ、はい。会場はあちらです。

3) 영역은 물리적 영역뿐만 아니라 정신적인 영역까지도 포함한다.

[치과에서]
医者 : 痛いのはここですか。
患者 : はい、そこです。その歯です。

2. 화자와 청자가 같은 공간에 있다고 인식할 때

1) 가까운 것은「コ」로, 먼 것은「ア」로 나타낸다.

A : この花は何と言うんですか。
B : これはムグンファ(ムクゲ)です。
A : じゃあ、あの黄色いのは？
B : あれはケナリ(れんぎょう)ですね。

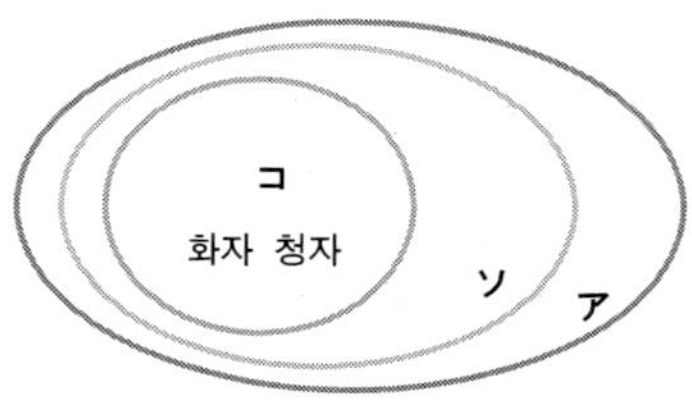

[사진을 같이 보면서]
A：これ、加藤さんの若い時ですか。
B：いいえ、この人は吉田さんです。

[하늘을 나는 새를 가리키면서]
A：あの鳥、何ですか。
B：あれはカササギですよ。韓国では幸運を呼ぶ鳥です。

2) 가깝지도 멀지도 않은 것을 가리킬 때는「ソ」를 사용한다.

[택시 안에서] (한국어와 다름)
A：その道を右に入ってください。
B：はい、そこの角ですね。

A：お出掛けですか。
B：はい。ちょっとそこまで。

연 습 문 제

1. ______안에 들어갈 말을 하나 고르시오.

1) [화자와 청자가 떨어져 있을 때]

A：ねえ、__(1)__ 見て。いいでしょ。
B：あ、__(2)__ 新しいのだね。私もほしいな。

(1) ① これ ② あれ ③ この ④ その
(2) ① これ ② それ ③ この ④ その

2) [같이 사진을 보면서]

A：__(3)__ 人、かっこいいね。
B：そう! 私は __(4)__ 人より眼鏡かけている人の方がかっこいいと思うけど。

(3) ① これ ② あれ ③ この ④ あの
(4) ① これ ② あれ ③ この ④ その

문맥지시 눈앞에 보이지 않는 사항이나 사물을 지시할 때

1. ソ의 경우

1) 상대방이 모르는 것을 가리킬 경우

A：駅前に新しくできた店に行って来たんだけど、その店とてもおいしかったよ。
B：本当？私も今度行ってみようかな。

2) 화자와 청자가 둘 다 잘 모르는 경우 (한국어와 동일)

A：明日面接に来る学生の名前知ってる？
B：ええと…確か…。
A：その人、男？女？
B：うーん、男だったかな。

3) 화자가 심리적으로 가깝거나 관심이 있는 것에는 「コ」를 사용하기도 한다.

友達にCDを借りた。{これ/それ}は私の大好きな歌手のものだ。

大久保(おおくぼ)という駅がある。{ここ/そこ}からバスで20分ほど行くと、私の実家がある。

「そこそこ」

駅から叔父の家までは５分そこそこでした。 (될까말까, 안팎, 정도)
何でもそこそこできるけど、1番になったことはない。 (그럭저럭)
娘は朝ご飯もそこそこに急いで出かけた。 (~하는 둥 마는 둥)

2. アの 경우

1) 화자와 청자가 둘 다 알고 있는 경우 (한국어와 다름)

A：昨日一緒に行ったあの店、とてもおいしかったね。
B：そうだね。あそこ、また行きたいね。

A：この間の合(ごう)コンに来ていたあの人、かっこよかったね。
B：ああ、あの背が高い人ね。でも、あの人彼女いるみたいだよ。

2) 지시대상의 명칭이 생각나지 않는 경우 (한국어와 다름)

夫：あれどこにある？
妻：あれって何ですか？
夫：あれだよ、あれ！

「ソ」vs「ア」

■ 내가 말하는 지시사항에 대해서 상대방이 모르는 경우에는「ソ」를 사용한다. 그러나 대화 도중에 지시사항에 대해 상대방이 알게 되는 경우에는「ア」를 사용한다.

A：同じクラスに鈴木さんっていう子がいるんだけど、最近テレビに出ているんだよ。
B：へぇー、その子、そんなにきれいなの？
A：それほどきれいじゃないけど、その子背が高くてモデルみたいなんだよ。
B：もしかして、その子って鈴木京子さん？
A：そうそう！知っているの？
B：あの子の弟が僕の後輩なんだよ。
A：あ～、そう。あの子君のタイプじゃない？

「관용표현」

■ 한국어와 순서를 달리하는 관용적인 표현이 있다.

そうこうしているうちに、夜になった。 (이러저러)

どうのこうのと文句を言っても仕方ないし。 (이러쿵저러쿵)

久しぶりに会った友達と、あれこれいろんな話をしました。 (이런저런)

あちらこちら(あっちこっち)歩きまわったが、結局見つからなかった。 (이쪽저쪽・여기저기)

연 습 문 제

1. ______ 안에 들어갈 말을 하나 고르시오.

A：昨日、優子(ゆうこ)ちゃんに会ったんだけど、 ___1)___ 子、来月結婚するんだって。

B：え？ ___2)___ 子、最近彼氏と別れたって言ってたけど。

A：それがその後、すぐに知り合いから紹介してもらったらしいよ。

B：本当? 早いわね。で、優子ちゃんの結婚相手に会ってみた?

A：うん、昨日、３人で会ったんだけど、 ___3)___ 人、私と同じアパートに住んでいるんだって！

B：ということは、 ___4)___ おんぼろアパートに住んでいるってこと？

A：まったく失礼な人ね！

1) ① これ ② この ③ その ④ あの
2) ① これ ② この ③ その ④ あの
3) ① これ ② この ③ その ④ あの
4) ① これ ② この ③ その ④ あの

종합연습문제

1. 下の線の正しい読み方を①・②・③・④の中から一つ選びなさい。

1) せっかくの休日なのに一日中雨でした。

① いちひちゅう　② いちにちちゅう　③ いちひじゅう　④ いちにちじゅう

2) 今日は朝から小雨が降っています。

① こあめ　② しょうさめ　③ こさめ　④ しょうあめ

3) 日本から郵送で荷物を送りたいのですが、船便でもかまいません。

① ふねびん　② ふなびん　③ ふねひん　④ ふなひん

2. 下の線の①・②・③・④の言葉の中から正しくない言葉を一つ選びなさい。

1) あの部屋①の奥から②チカチカして③いること④が見えますか。

2) 狭い①庭ですが、ウサギ一匹②とニワトリ二羽③を飼っています④。

3) こちら①の商品は18才②以上の大人向け③なので、子供はだめ④です。

3. 次の文の(　　　)に入れるのに最もよいものを、①・②・③・④の中で一つ選びなさい。

1) お忙しい＿＿＿＿＿をお邪魔して、すみませんでした。

① ところ　② わけ　③ はず　④ こと

2) ここは田舎ですから、バスは１時間に＿＿＿＿＿しかありません。

① 一杯　② 一台　③ 一倍　④ 一本

3) A：ちょっと＿＿＿＿＿気味ですね。
B：ええ、休日返上までして出勤しましたよ。休みたいです。

① 疲れる　② 疲れ　③ 疲れた　④ 疲れだった

4) このデパートの________は東京にまで知られている。

① 広さ　② 広み　③ 広け　④ 広め

4. 次の文の(　　　)に入れるのに最もよいものを、①・②・③・④ から一つ選びなさい。

1) [B가 A의 등을 긁어 주면서]

A：もっと右、右。
B：ここ？
A：そう、________。ああ、気持ちいい。

① これ　② ここ　③ それ　④ そこ

2) [선생님이 교실에서 지갑을 보여주면서]

先生：この財布、トイレに落ちてたけど、誰のですか。
生徒：先生、_____山田君のだと思います。

① これ　② それ　③ あれ　④ この

3) [만난 적이 있음에도 상대방의 이름이 생각나지 않을 때 마음속으로]

A：_______人の名前、何だっけ。

① この　② その　③ あの　④ どの

4) [멀리 보이는 것을 가리키면서]

A：_______にある、白いもの何だろう。
B：何かな？100円玉かな。

① ここ　② そこ　③ あそこ　④ それ

5) [같은 컴퓨터 화면을 보면서]

A：_______クリックしてみてください。
B：あれ？ここクリックできませんよ。

① この　② そこ　③ あそこ　④ その

6)

A：昨日、町で佐藤君に会いましたよ。
B：ひろし君！________人、今何をしているんですか。

① この　② その　③ あの　④ どの

7)

A：先週の土曜日、山へ行ってきた。
B：え？本当? ここは雨だったけど、________はどうだった?

① ここ　② そこ　③ あそこ　④ どこ

8)

A：彼に最初何をもらったの。
B：彼に初めてもらったものは、え～と、あ、そう。________はバラの花束でした。

① これ　② それ　③ あれ　④ この

9)

日本人：日本には町ごとに公民館という建物があります。
韓国人：こうみんかん？________は何をするところなんですか。

① ここ　② そこ　③ あそこ　④ どこ

10)

A：明日の会議で使う資料、もうできてますか。
B：ああ、______ですね。昨日まとめておきました。

① それ　② あれ　③ その　④ あの

11)

______考えて、やっと決まりました。

① これそれ　② これあれ　③ あれこれ　④ それあれ

12)

A：藤田(ふじた)さんという人を知っていますか。
B：知りませんね。誰ですか ______人は。

① この　② その　③ あの　④ どの

13)

A：これ、いくらでしたか。
B：よく覚えていないけど、１万円 ________だったと思います。

① ここそこ　② そこそこ　③ あそここ　④ どこそこ

14)

A：山田さん、どこ行くんですか。
B：ええ、ちょっと ________まで

① ここ　② そこ　③ あそこ　④ どこ

15)

昨日、一生懸命運動したので、体の ________が痛いです。

① こちそち　② そこどこ　③ こちあち　④ あちこち

형용사

1. 형용사의 성격

2. 형용사의 구성

3 형용사의 활용

1 형용사의 성격

속성형용사

사람 또는 사물의 성질을 나타낸다.

1. イ형용사

偉(えら)い　大人(おとな)しい　きつい　厳(きび)しい　詳(くわ)しい　険(けわ)しい　細(こま)かい　素晴(すば)らしい
鋭(するど)い　鈍(にぶ)い　激(はげ)しい　久(ひさ)しい　まぶしい　珍(めずら)しい　柔(やわ)らかい 등

- うちの娘は食べ物にうるさくて、料理をするのが大変です。
- 激しい運動をする前にお水を飲んでください。
- 昔と違って今となっては、共働きは珍しくありません。

2. ナ형용사

鮮(あざ)やかだ　軽(かろ)やかだ　幸(しあわ)せだ　健(すこ)やかだ　清潔(せいけつ)だ　確(たし)かだ　適当(てきとう)だ　適切(てきせつ)だ
当然(とうぜん)だ　賑(にぎ)やかだ　のどかだ　平凡(へいぼん)だ　明確(めいかく)だ　豊(ゆた)かだ　容易(ようい)だ 등

- フィギュア選手のプレーは本当に鮮やかでした。
- 賑やかな都市を離れてのどかな田舎で暮したい。
- みなさんにとって健やかで幸せな一年となりますようにお祈りいたします。

감정형용사

희로애락 등 화자의 감정, 느낌을 나타낸다.

1. イ형용사

愛(いと)しい　疑(うたが)わしい　羨(うらや)ましい　嬉(うれ)しい　惜(お)しい　悲(かな)しい　悔(くや)しい　苦(くる)しい
凄(すさ)まじい　切(せつ)ない　楽(たの)しい　辛(つら)い　懐(なつか)しい　恥(は)ずかしい　腹立(はらだ)たしい 등

- まだ就職もできずに、ふらふらしていて、恥ずかしくありませんか。
- 女子大生が選ぶ「もっとも腹立たしかった彼氏の態度」って何でしょうか。
- マラソン大会でもう少し速かったら、我がチームが一位になれたのに本当におしいな！

2. ナ형용사

哀(あわ)れだ　孤独(こどく)だ　爽(さわ)やかだ　残念(ざんねん)だ　得意(とくい)だ　苦手(にがて)だ　のんきだ　不思議(ふしぎ)だ
不満(ふまん)だ　不愉快(ふゆかい)だ　平気(へいき)だ　迷惑(めいわく)だ　面倒(めんどう)だ　憂鬱(ゆううつ)だ 등

- あなたは、よくもあんな残酷なシーンを平気な顔で見ていられますね。
- ドライバーにとって、スマホをさわりながら歩く人はとても迷惑です。
- 小さいころ読んだ「不思議な国のアリス」という本はとても面白かった。

속성&감정형용사

1. イ형용사

かわいい　怖い　つまらない 등

怖い	감정	私は幽霊が怖いよ。	(개인적・주관적 성향)
	속성	昔から幽霊は怖いものだと親は言っていた。	(일반적・객관적 성향)
つまらない	감정	あの先生の授業はつまらなくていつもサボる。	(개인적・주관적 성향)
	속성	クラシックはつまらないと思っている人が多い。	(일반적・객관적 성향)

2. ナ형용사

退屈だ 등

退屈だ	감정	うちの試合は退屈だろうから、見なくていいですよ。	(개인적・주관적 성향)
	속성	日本文化を知らない外国人に歌舞伎は難しくて退屈だそうだ。	(일반적・객관적 성향)

감정형용사와 인칭

기본적으로 감정형용사는 「1인칭」에만 쓸 수 있다.

私{*あなた/*彼女}はうれしい。 － 1인칭 (O)

단! 감정형용사가 「양태・가정・추측・속성・단정・확신」 등의 의미를 나타내는 경우에는 인칭과 상관없이 사용 할 수 있다.

2인칭
- 君は今夜とても悲しいようだな。 (양태)
- お前が楽しいなら、俺も楽しいよ。 (가정)
- こういう話を聞いたら、あなたもうれしいでしょう。 (추측)

3인칭
- 親はいつも子供のことが心配だ。 (속성)
- 人はみんなあのニュースを残念だと思っている。 (단정)
- 彼氏から結婚指輪をもらったら、彼女はうれしいはずだよ。 (확신)

(→단정과 확신도 명확한 의미에서는 추측에 포함된 화자의 사태 묘사)

「親切」는 명사? ナ형용사?

親切

- 世界で一番親切な国はどこですか。 (ナ형용사)
- おせっかいと親切の境界線があいまいです。 (명사)

명사도 되고 ナ형용사도 되는 경우

⇩

명사

危険(きけん) 健康(けんこう) 残酷(ざんこく) 心配(しんぱい)
適当(てきとう) 豊富(ほうふ) 真面目(まじめ) 優秀(ゆうしゅう)
愉快(ゆかい) 冷静(れいせい) 등

ナ형용사

危険(きけん)だ 健康(けんこう)だ 残酷(ざんこく)だ 心配(しんぱい)だ
適当(てきとう)だ 豊富(ほうふ)だ 真面目(まじめ)だ 優秀(ゆうしゅう)だ
愉快(ゆかい)だ 冷静(れいせい)だ 등

- 何と言っても健康が一番です。 (명사)
- 毎日の運動で、健康な生活を送りましょう。 (ナ형용사)

- 心配をかけてすみません。 (명사)
- 何か心配なことはありませんか。 (ナ형용사)

- 「冷静と情熱の間」という映画を見ましたか。 (명사)
- 今こそ冷静な判断が必要である。 (ナ형용사)

2 형용사의 구성

복합형용사

1. 명사+형용사

礼儀 + 正しい → 礼儀正しい(れいぎただしい)　　気 + 難しい → 気難しい(きむずかしい)
数 + 多い → 数多い(かずおおい)　　塩 + 辛い → 塩辛い(しおからい)

- 韓国人は礼儀正しいと言われている。
- クラスメートの中に気難しい人はいますか。
- ヨーロッパの料理は塩辛くて、すぐ喉が乾きます。

2. 형용사+형용사

細い + 長い → 細長い(ほそながい)　　甘い + 辛い → 甘辛い(あまからい)

- チリは南北に細長い国です。
- 甘辛いソースって書いてあるけど、一体どんな味なの。

3. 접두어+형용사

まっ → 真っ黒い(まっくろい)　真っ青(まっさお)　真っ白い(まっしろい)　　ひ → ひ弱い(ひよわい)
小 → 小高い(こだかい)　小まめに(こまめに)　　手 → 手厚い(てあつい)　手荒い(てあらい)
物 → 物寂しい(ものさびしい)　物静かだ(ものしずかだ)　物足りない(ものたりない)　　素 → 素早い(すばやい)
生 → 生ぬるい(なまぬるい)

- 夏休みの間、真っ黒になりましたね。
- 誰から見ても私の彼女は物静かで大人しい性格です。
- お客さまのクレームに対する店の対応が素早かった。

복합형용사의 탁음화

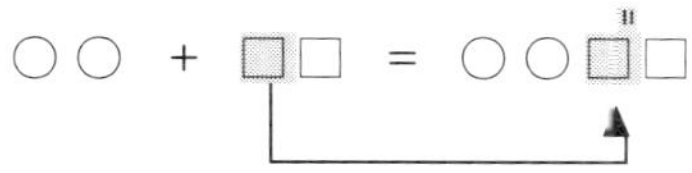

青白い(あおじろい)　息苦しい(いきぐるしい)　薄暗い(うすぐらい)　心強い(こころづよい)　心細い(こころぼそい)　力強い(ちからづよい)　名高い(なだかい)　生臭い(なまぐさい)

- 母は貧血持ちでいつも青白い顔をしています。
- 日本語の授業がある教室は、狭くて息苦しいです。
- 彼は誰よりも力強く、正義感にあふれた青年です。

4. 접미어

～らしい	(~답다)	→	男らしい	女らしい	学生らしい
～にくい	(~하기 어렵다, 힘들다)	→	言いにくい	考えにくい	食べにくい
～やすい	(~하기 쉽다, 편하다)	→	歩きやすい	住みやすい	使いやすい
～っぽい	(~의 경향이 다분하다)	→	あきっぽい	子どもっぽい	忘れっぽい

- 早口言葉(はやくちことば)ってアナウンサーでも言いにくいですよ。
- 熱帯植物(ねったいしょくぶつ)のヤシは皮が固くて食べやすくないです。
- うちの息子は二十歳(はたち)になってもまだ子供っぽくて困っています。

자주 사용되는 접미어

覚えやすい　住みやすい　使いやすい　太りやすい　間違えやすい　分かりやすい
扱いにくい　言いにくい　覚えにくい　付き合いにくい　読みにくい　分かりにくい 등

- 元彼(もとかれ)は口数(くちかず)が少なくて、付き合いにくかった。
- 学生時代、英語の授業は分かりにくくて大変でした。
- 外国人にとって「倹」と「険」は間違えやすい漢字です。

「~にくい」 vs 「~づらい」 vs 「~がたい」

표형적 · 유형적

~にくい

상대/대상 탓에 하기 어려움

パイナップルは皮が固くて<u>食べにくい</u>。

~づらい

자신/본인 탓에 하기 어려움

ひざをケガして<u>歩きづらい</u>。

정신적 · 무형적

~がたい

mission impossible

<u>信じがたい</u>話だが、幽霊はいるそうだ。

연 습 문 제

1. 다음 괄호 안의 a와 b 중에서 바른 것을 고르세요.

1) 私は（ a. 真 / b. 物 ）静かで女性らしい彼女がほしい。

2) 彼はもう二十歳なのに、まだやることは（ a. 子供っぽい / b. 子供らしい ）。

3) 東京は物価が高くて住み（ a. やすい / b. にくい ）都市だと言われている。

보조형용사

1. ない [조동사だ・조동사です・イ형용사・ナ형용사 활용형의 부정]

私は日本人ではないです。

バスはタクシーほど便利でないでしょう。

日本語は英語より難しくないと言われている。

동사의 부정형인 「ない」는 「조동사」이다.

気が進まないなら、やらなくてもいいよ。

最近、胃が悪くなったのでお酒は飲まないことにしています。

단독으로 사용되는 「ない」는 「형용사」이다

私にはお金がない。

忙しくて昼ご飯を食べる時間もないです。

2. いい・よい ～해도 좋다 [V−て형＋(も)いい]

私から一言、言っていいですか。

寒いならヒーターをつけてもいいよ。

風邪の時は、お風呂に入っていいかどうか分かりません。

3. ほしい [V−て형＋ほしい / 정중한 표현은 ～てください]

상대에게 동작을 요구, 부탁 혹은 그런 상태가 되기를 바랄 때 사용한다.

あなただけには、私の気持ちを分かってほしい。 (＝ 分かってください)

日本へ行ったら、ゆかたを買って来てほしい。 (＝ 来てください)

私が留守の間に、部屋をきれいに掃除してほしい。 (＝ 掃除してください)

「大きい」 vs 「大きな」

大きい

객관적・구체적

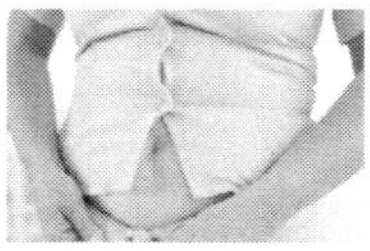

一回り大きいサイズがほしい。

大きな

추상적

若者は大きな志を持って、
世に出よ!

最近、おかしい日本語を使う若者が増えている。
引っ越してきた隣がおかしな人なので付き合いたくない。

日本で面積の一番小さい県は、どこですか。
何気ない小さな親切でも心が暖かくなりますね。

연 습 문 제

1. 다음 중 성격이 다른 하나를 고르시오.

1)

① 箱の中には何もない。
② 私にはあまり意味がない。
③ 彼は足をケガして歩けない。
④ この商品はもう在庫がないです。

2)

① 先に食べていいですか。
② この冷蔵庫は大きくていいです。
③ 寝てもいい時間を教えてください。
④ 仕事が終わったら家に帰っていいですか。

3 형용사의 활용

형용사의 부사화

[동사를 수식할 경우에 사용된다.]

1. イ형용사 : ~い → く

楽しい → 楽しく　少ない → 少なく　うまい → うまく　おいしい → おいしく

- 人生を楽しく生きましょうよ。
- お仕事の方は、うまくいってますか。
- ラーメンをもっとおいしく作るコツがありますか。

2. ナ형용사 : ~だ → に

確実(かくじつ)だ → 確実に　確(たし)かだ → 確かに　平気(へいき)だ → 平気に　素直(すなお)だ → 素直に

- 確かにここに置いておいたはずなのに見当たらない。
- タバコをすわなくても平気になった。
- 今回の選挙で与党は勝利を確実にした。

형용사의 동사화

~해 하다 / ~스러워 하다
[형용사에 「~がる」가 붙는다.]

1. イ형용사 : ~い → がる

かわいい → かわいがる　悔しい → 悔しがる　寂しい → 寂しがる

- 可愛がっていた犬が死んでしまい、とても悲しい。
- あなたが悔しがっている分、相手も悔しがっていると思いますけど。
- 彼女は、一人になると寂しがるから、一人ぼっちにさせないでね。

2. ナ형용사 : ~だ → がる

残念(ざんねん)だ → 残念がる　　面倒(めんどう)だ → 面倒がる　　迷惑(めいわく)だ → 迷惑がる

- みんなあの人の死を残念がっています。
- 生徒たちが練習を面倒がるのは当たり前だ。
- あなたは、人のアドバイスを迷惑がるタイプですか。

1인칭 주어의 단순 문장에서는 사용불가능하다.

- 私は寂しがっている。(x) ⇒ 私は寂しい。(o)

단, 부정형 또는 「~かもしれない」 등과 같이 올 때는 1인칭이라도 사용 할 수 있다.

- 私は全然寂しがっていないんだから、心配しないで。
- 口ではそうじゃないと言ってるけど、私って結構寂しがっているかも。

형용사의 て(で)형용법

1. 이유・원인

- 鍋料理(なべりょうり)は熱くて食べにくいです。
- リクルートスーツが派手(はで)で面接試験に落ちたかも。
- 中間テスト期間ですが、体の調子が悪くて学校を休みました。

이유・원인의 「て」는 「から」와 바꿔 쓸 수 있다.

- 試験が（近くて / 近いから）日曜日も学校へ行きます。
- 持ち合わせが（なくて / ないから）銀行にお金をおろしに行った。
- あのタレントは（有名で / 有名だから）ギャラが高いのも当然だ。

2. 대비

日本語はやさしくて、英語は難しいと言われている。　(て ＝ やさしい。一方...)

北は女性がきれいで、南は男性がハンサムだそうだ。　(で ＝ きれいだ。一方...)

同じお好み焼きでも大阪は四角くて、東京は丸いです。(て ＝ 四角い。一方...)

3. 병렬

うちのマンションは新しくて、広いです。(て ＝ 新しい。それに)

きれいで、やさしい彼女がほしいです。　(で ＝ きれいだ。それに)

> 나열・병렬에서 마이너스의 의미인 경우,「~(だ)けど」와 같은 의미를 가진다.
>
> 芸能界は、華やかで、すさまじい世界である。(で ＝ 華やかだけど...)
>
> いつもあなたにはありがたくて、すまない気持でいっぱいです。(て＝ありがたいけど...)

연 습 문 제

1. 다음 괄호 안의 a와 b 중에서 바른 것을 고르세요.

1) 怠け者の山田さんは何事も (a. 面倒です / b. 面倒がっています)

2) 悲観的な彼が (a. うれしい / b. うれしがる) ニュースはあるでしょうか。

3) 君がいなくなると両親が(a. 寂しい / b. 寂しがる) だろう。

2. 아래 형용사의「て형」을「기본형+から」로 바꿀 수 없는 것을 고르세요.

1) 霧がひどくて、前が見えない。

2) 隣の部屋がうるさくて、眠れない。

3) あの店は安くて、おいしいと評判です。

4) このマンションは駅からとても近くて、家賃が高いです。

종합연습문제

1. 下の線の①・②・③・④の言葉の中から正しくない言葉を一つ選びなさい。

1) 私が①いくら苦しいても②、誰も③助けてくれない④。

2) 母ほど①ではないが②、子も父の昇進③をうれしい④。

3) 今年の①春、ごみ処理場②の隣に小さめ③花壇が④できた。

4) 遠い①からわざわざ②お越しいただき③、誠に④ありがとうございます。

2. 次の文の(　　　)に入れるのに最もよいものを、①・②・③・④の中で一つ選びなさい。

1) 少し(　　　　　)の文字サイズにしたら読みやすくなった。

① 大きい
② 大きさ
③ 大きな
④ 大きめ

2) (　　　　　)を覚ますにはどうすればいいですか。

① 眠い
② 眠く
③ 眠け
④ 眠さ

3. 次の①・②・③・④の中から、_____の意味が他と異なるものを一つ選びなさい。

1)

① このりんごは小さくて、丸いです。
② 国は遠くて、なかなか帰れない。
③ エレベータに人が多くて、乗れません。
④ あの店の魚はとても新鮮で、他の店より高い。

2)

① 姉は明るくて、かわいいです。
② 彼女はきれいで、優しいです。
③ 私はまじめで、優しい彼氏がほしい。
④ 今日は朝から暖かくて、いい天気です。

4. 次の文の___♥___に入る最もよいものを、①・②・③・④ から一つ選びなさい。

1) すごいですね。______ ___♥___ ______ ______ はじめてです。

① 珍しい ② こんな ③ の ④ は

2) 西洋人にとって東洋人は ______ ______ ______ ___♥___ と思われがちです。

① 小さくて ② みんな ③ 細い ④ 目が

부사

1. 정태부사
2. 정도부사
3. 진술부사

1. 정태부사 : 동작이 어떻게 이루어지는지를 나타낸다.
　　ゆっくり歩いた。
2. 정도부사 : 형용사의 정도를 나타낸다.
　　この映画はとても面白い。
3. 진술부사 : 특정한 문말표현과 호응한다.
　　彼女はあまり背が高くない。

1 정태부사

1. 동작의 상태・사태 인식

- 約束をうっかり忘れてしまった。 (깜빡)
- 週末は家でのんびり過ごしたいです。 (느긋하게)
- あいにく、佐藤は席を外しております。 (공교롭게도, 마침)
- 課題はなるべく早く提出してください。 (될 수 있는 한)
- 10年勉強してやっと弁護士試験に合格した。 (겨우)
- 授業中の説明だけでは、十分理解できなかった。 (충분히)
- 来週の行事に参加できるか、まだはっきりわかりません。 (명확하게)
- わざわざ来てもらったのに、留守にしていて悪かったね。 (일부러)

(お)互いに、さっぱり、それぞれ、 直接、なるべく、のんびり、ぴったり、ゆっくり
あいにく、うっかり、思わず、十分、絶対に、確かに、つい、はっきり、やっと、わざと、わざわざ 등

「わざと」vs「わざわざ」

- 彼女の話に、私はわざと聞こえないふりをした。
- お忙しいところ、わざわざ来てくださって本当にありがとうございます。

わざと

「고의로」혹은 「나쁜 의도를 가지고」라는 마이너스적 뉘앙스를 가진다.

わざわざ

「힘든데도 불구하고 배려해주었다」는 플러스적 뉘앙스를 가진다.

「うっかり」vs「思わず」vs「つい」

- テストがあることをうっかり忘れていた。
- うっかり財布を落としてしまった。
- そのニュースを聞いて、思わず泣き出した。
- 思わず「痛い！」と大きな声を出してしまった。
- 腹が立って、つい殴ってしまった。
- 日本語のテキストを読んでいると、つい眠くなってしまう。

うっかり	思わず	つい
① 어떤 사태가 있다는 사실을 잊어버린 경우. ② 부주의, 실수로 해버린 경우.	조건 반사처럼 순간적 · 무의식적인 행동.	해서는 안 된다고 생각하면서도 어떤 일을 해버렸을 때.

2. 시간 · 순서

- しばらく様子を見てみよう。 (잠시, 당분간)
- だんだん暖かくなってきましたね。 (점점, 조금씩)
- さっき、何か変な音がしませんでしたか。 (좀 전에)
- 急いで行ったが、すでに営業時間は終わっていた。 (벌써)
- 不審者を見かけたらすぐに警察へ通報してください。 (바로, 즉각)
- 初めは新車ではなくて、中古車を買った方がいいと思いますよ。 (처음)

> 最近、さっき、しばらく、すぐに、すでに、そろそろ、だんだん、ちょうど、どんどん、はじめて、はじめに、まず、また、まだ、もう 등

「初め」「初めに」vs「初めて」

三月の初めに結婚する予定です。	→ 初め	초
私は初めからこの人が運命の人だと思っていた。 cf. 今週 / 今月 / 今年の初め	→ 初め	처음
初めに、この映像をみてください。	→ 初めに	먼저
20才の時、初めて海外旅行に行きました。	→ 初めて	처음으로
こんなにおいしいもの、生まれて初めて食べた。	→ 初めて	처음(으로)

初め / 初めに

☆ 명사
初め는 "처음, 시작"이라는 뜻이다. 기본의미에서 파생한 初めに는 "우선" "먼저"라는 뜻으로도 사용한다.

初めて

☆ 부사
과거에 경험한 적이 없는 일을 했을 때 사용한다. "비로소, 처음으로"의 의미로 사용한다.

3. 빈도

私は よく / ときどき / たまに 外で食べます。

私は あまり / ほとんど / めったに / 全然 外で食べません。

연 습 문 제

1. ______안에 들어갈 말을 하나 고르시오.

1) もう12時ですから______寝ましょうか。

① ちょうど　② だんだん　③ どんどん　④ そろそろ

2) 休みの日はなるべく家で______したいです。

① ゆっくり　② はっきり　③ ぴったり　④ うっかり

3) どんな理由があっても、戦争には______反対だ。

① 絶対に　② お互いに　③ 確かに　④ あいにく

4) 言いたいことがあるなら、本人に______言ってください。

① お互いに　② 直接　③ それぞれ　④ 十分

5) 私が家のドアを開けたとき、______家の電話が鳴った。

① しばらく　② すでに　③ まだ　④ ちょうど

2 정도부사

1. 정도

- 今は非常に難しい状況になりました。 (상당히)
- 最近忙しくて、とても疲れている。早く休みたい。 (매우)
- この度(たび)は、大変お世話になりました。感謝しています。 (대단히)
- フランス語の動詞活用はなかなか複雑だ。とても理解できない。 (꽤)

2. 양

- この著者の本は、ほとんど読んだ。 (거의)
- パーティーの賞品をたくさん用意しておきました。 (많이)

「정도」와「양」을 동시에 나타내는「정도부사」

かなり　結構　ずいぶん　少し　相当　だいぶ　ちょっと 등

- 今日はちょっと涼しいですね。 (정도)
- お金をちょっと使いました。 (양)

- 彼はかなり忙しいみたいです。 (정도)
- 平日なのにお客さんがかなり来ている。 (양)

3. 비교

- もっと大きい声で話してください。 (좀더)
- もっと食べないと大きくなれないよ。
- ここが釜山でもっとも歴史ある店です。 (가장)
- このクラスでもっとも信頼できるのは彼です。
- これはあれよりずっと昔の話です。 (훨씬)
- この作品は映画より原作の方がずっとおもしろい。

연 습 문 제

1. ____안에 들어갈 말을 하나 고르시오.

1) ______前へ来てください。

① とても　② 非常に　③ ほとんど　④ もっと

2) あの人は______お金があるみたいだ。

① ずっと　② 相当　③ 決して　④ ほとんど

3) 景気が悪くて、仕事が______減っている。

① ずっと　② だいぶ　③ 大変　④ なかなか

4) 借金がたくさんあって、______困っています。

① とても　② ほとんど　③ もっと　④いっぱい

5) 私の祖母の家は______昔に地震でこわれた。

① たくさん　② ほとんど　③ ずっと　④なかなか

3 진술부사

1. 부정

母は私のことをちっとも理解してくれない。 (조금도)

1時間待ってもなかなかバスは来ませんでした。 (좀처럼)

たいしておもしろくないのに、みんな笑っている。 (그다지)

シンクホールの原因は、まださっぱり分からない。 (전혀)

地名の由来について調べてみると、なかなか面白いですね。 (상당히)

まだまだ若いから全然大丈夫だよ。 (정말)

あまり	さっぱり	少しも	全然	それほど	まったく	めったに 등

2. 추량

あの人は、多分来ないと思う。 (아마도)

おそらく後で後悔するだろう。 (필시, 아마)

明日はきっと晴れるでしょう。 (틀림없이)

もしかして彼は留学するかもしれない。 (어쩌면)

3. 부탁・의뢰・권유

どうぞ、上がってください。 (어서)

どうか、今度だけは見逃してください。 (아무쪼록, 제발, 부디)

今度ぜひ、一緒に食事に行きましょう。 (꼭)

「どうか」vs「どうぞ」

- どうか、命だけは助けてください。
- どうか、釜慶大学に合格しますように。
- どうぞよろしくお願いします。
- A：この本、借りてもいいですか。
  B：ええ、どうぞ。

どうか

어려운 상황에서 간결하게 뭔가를 부탁하거나 기원할 때 사용.〈제발, 꼭〉

どうぞ

상대방에게 무언가를 권하거나 부탁하는 기분을 나타내는 완곡하고 공손한 말씨

4. 조건

いくら探しても、見つかりませんでした。 (いくら～ても)(아무리~해도)

いくらがんばったところで、結果は同じだ。 (いくら～たところで)(아무리~한다 한들)

どうせやるなら、早くやってしまいなさい。 (どうせ～なら)(어차피~라면)

どうせ試合に出るからには、優勝したい。 (どうせ～からには)(어차피~인 이상)

たとえ親友でも、許せない。 (たとえ～ても)(비록 ~라도)

たとえその事実を知っていたところで、私の決心は変わらない。
(たとえ～たところで)(비록~했다 한들)

5. 의문

いったいこれは何に使うものですか。 (도대체)

はたして彼の運命は、どうなるのでしょうか。 (과연)

いかに成果をあげ、成長するのかが問題です。 (얼마나)

「긍정표현」과「부정표현」둘 다와 호응하는「진술부사」

あまり　それほど　なかなか　とても　全然 등

今日はあまり寒くない。 (그다지)

あまり(にも)寒かったので、ストーブをつけた。 (너무나도)

それほど好きなら、早く告白した方がいいよ。 (그렇게나)

それほど好きじゃないなら、早く別れたほうがいいよ。 (그다지)

この話はなかなかおもしろいですね。 (상당히)

練習してもなかなか上手にならない。 (좀처럼)

今日はとても暑い。 (매우)

こんな暑い日には、とても(じゃないけど)ジョギングなどできない。 (도저히)

犬にかまれた傷が全然よくならない。 (전혀)

あの人は犬にかまれても全然平気だった。 (너무나)

「ぜひ」vs「必ず」vs「きっと」

- 今年はぜひアルプスに登ってみたい。
- 父は毎晩必ずワインを飲んでから寝ます。
- 今夜はひどく冷える。あしたはきっと雪になるだろう。

ぜひ	必ず	きっと
본인의 강한 바람이나 의뢰·간곡한 부탁 ~てください/ ~てほしい/ ~てちょうだい/ ~たい 〈제발〉	습관적인 행위나 말하는 사람의 강한 의지 〈반드시, 언제나〉	미래에 일어날 사태에 대한 확신이나 강한 추측 ~だろう/でしょう 〈틀림없이〉

연 습 문 제

1. ______안에 들어갈 말을 하나 고르시오.

1) 次の試合は______勝ちたい。
① ぜひ　② たいして　③ たとえ　④ おそらく

2) 雨が強くて、______前が見えない。
① まったく　② ぜひ　③ いくら　④ いったい

3) ________遅れるなら、ゆっくり行きましょう。
① あまり　② きっと　③ はたして　④ どうせ

4) 一生懸命練習したが、______上手にならない。
① なかなか　② おそらく　③ いくら　④ いったい

5) このクラスでスペイン語が一番上手なのは______高橋さんだ。
① それほど　② 多分　③ どうぞ　④ はたして

종합연습문제

1. 次の文の(　　　)に入れるのに最もよいものを、①・②・③・④ から一つ選びなさい。

1) この本は________難しい。

① どうぞ　② はたして　③ めったに　④ 結構

2) 韓国に来るときは、________連絡ください。

① ぜひ　② たとえ　③ めったに　④ なかなか

3) 悲しい映画を見て、________泣いてしまった。

① わざわざ　② わざと　③ 思わず　④ うっかり

4) 先輩って、女心(おんなごころ)が________分からない男だね。

① のんびり　② ずっと　③ さっぱり　④ ぴったり

5) 最近は忙しくて、________本を読む時間がない。

① いくら　② なかなか　③ おそらく　④ ずっと

6) プールに入る前に、________準備体操をしましょう。

① はじめて　② まず　③ もう　④ また

7) 何回も読んだが、________意味が分からなかった。

① つい　② 思わず　③ どうせ　④ まったく

8) 5時間かかって________英語のレポートが終わった。

① やっと　② つい　③ なるべく　④ あいにく

9) 空港に到着したら、________事務所に連絡してください。

① すぐに　② まだ　③ 最近　④ しばらく

10) これはちょっと小さいので、________大きいのをください。

① もっと　② すっと　③ 結構　④ もっとも

11) これは________どういうことだ！？

① きっと　② 多分　③ ちっとも　④ いったい

12) この事実を________まだ彼は知らない。

① 非常に　② そろそろ　③ ぴったり　④ おそらく

13) 彼は10年前と比べて、________変っていない。

① 少しも　② 必ず　③ とても　④ わざわざ

14) ________あなたにお金がなくても、私の愛は変わりません。

① たとえ　② なるべく　③ どうぞ　④ はたして

15) この果物は日本にはありませんよ。生まれて________食べました。

① さっき　② はじめて　③ まず　④ はじめ

2. 次の文の____♥____に入る最もよいものを、①・②・③・④ から一つ選びなさい。

1) ________ ________ ____♥____ ________ 。

① 違いない　② 在日韓国人に　③ おそらく　④ あの人は

2) ________ ________ ____♥____ ________ 。

① ちょうど　② 電話が　③ なった　④ 3時に

3) ________ ________ ________ ____♥____ ない。

① 電車は　② 日本の　③ めったに　④ 遅れ

4) ________ ________ ____♥____ ________ は買えない。

① お金を　② いくら　③ それだけ　④ 出しても

5) 会議中に、＿＿＿＿ ＿＿＿＿ ＿＿♥＿＿ ＿＿＿＿ 。

① 席を　② 彼女は　③ ずっと　④ 外していた

6) この町は今回の ＿＿＿＿ ＿＿♥＿＿ ＿＿＿＿ ＿＿＿＿ 。

① 洪水で　② うけた　③ 被害を　④ 相当な

7) 歯の治療中なので、＿＿＿＿ ＿＿＿＿ ＿＿♥＿＿ ＿＿＿＿ 。

① います　② しばらく　③ 飲み会は　④ 控えて

8) とてもかわいいと聞いていたが、＿＿♥＿＿ ＿＿＿＿ ＿＿＿＿ ＿＿＿＿ 。

① 実際は　② なかった　③ かわいく　④ たいして

9) 今はやさしいが、彼は ＿＿＿＿ ＿＿＿＿ ＿＿♥＿＿ ＿＿＿＿ だったそうだ。

① 男　② ひどい　③ 昔は　④ ずいぶん

10) 2時間かけて彼の家まで行ったが、＿＿＿＿ ＿＿＿＿ ＿＿♥＿＿ ＿＿＿＿ 。

① 彼は　② 留守　③ だった　④ あいにく

자타동사

1 자동사

1. 주로「が」를 취한다.

■ 자연 현상, 스스로의 동작, 존재

空が晴れて、虹が見えた。 (자연 현상)

東北地方(とうほくちほう)は、昼過ぎまで雪が降るでしょう。 (자연 현상)

お母さんは、一人で待合室のソファで寝ていた。 (스스로의 동작)

友だちの家の近くにキャンプのできる場所があります。 (존재)

気をつけてください。あっちの方に、変な人がいましたよ。 (존재)

2.「を」를 취하는 경우도 있다.

1) 이동 동사

: 出(で)る、通(とお)る、飛(と)ぶ、走(はし)る、向(む)く、渡(わた)る 등

由美(ゆみ)ちゃんは、3時に家を出ました。 (출발점)

秋になると、赤とんぼが空を飛ぶでしょう。 (이동하는 공간)

浜町(はままち)公園はたい焼き屋さんの前を通ってまっすぐです。 (통과점)

私が何度呼んでも、弟は下を向いたまま返事をしなかった。 (방향)

2) 시간 · 기간 · 범위를 나타내는 동사

: 上回(うわまわ)る、暮(く)らす、越(こ)える、下回(したまわ)る、過(す)ごす、経(へ)る 등

日本で3ヶ月を過ごしてきた。 (일정 기간의 계속)

遭難者の数が、時を経るに従って、増えていく。 (시간의 경과)

この会社に合格した人は、100人を越えなかった。 (정도의 기준)

3.「に,と」를 취하는 경우도 있다.

私は池田(いけだ)さんの意見とちょっと違います。

男の子は母親に似て、女の子は父親に似るという話がある。

연 습 문 제

1. 밑줄 친 부분과 같은 성격의 동사를 고르시오.

彼はマラソンでトップを<u>走った</u>。

① 自分の目で世界を<u>見て</u>、自分を試してみたい。

② バスを<u>降りる</u>と、昇降口のドアは自動的に閉まった。

③ 先生はメールをあまり<u>使って</u>いないかもしれません。

④ 友だちが店から出ていくのを確認してから、私は勘定を<u>頼んだ</u>。

2. 밑줄 친 부분 중에서 바르지 <u>않은</u> 것을 고르시오.

ガソリンスタンド<u>の</u>①前の横断歩道<u>が</u>②渡ってください。右側<u>に</u>③あるレストラン<u>で</u>④待っています。

3. 밑줄 친 부분에 들어갈 적당한 말을 고르시오.

スズメはまるで風のように空 ________ 飛んでいった。

① が　　② に　　③ と　　④ を

2 타동사

1. 대상을 요구하는 동사로, 대상은「を」를 취한다.

庭に松と椿を植えた。

山本さんは二番目の兄に手紙を出した。

あなたがこれを読む頃、私は東京にいると思います。

祖父が亡くなってから、祖母は一人でこの店を守ってきました。

2. 대상으로「に,と」를 취하는 경우도 있다.〈준타동사〉

純子は、机にぶつかりながら横に倒れた。

森さんの犬は躾がいいから、人間にかみつくことはない。

乗用車がトラックとぶつかって大破した。

연 습 문 제

1. 밑줄 친 부분과 같은 성격의 동사를 고르시오.

先生はメールをあまり使っていない。

① 暗い廊下を歩くのは怖い。
② ゴールに向かって必死に海を泳いだ。
③ 彼女が僕の後ろを通る時、香水の匂いが強かった。
④ もっとおいしいカレーを作るにはいろんな野菜が必要です。

2. 밑줄 친 부분 중에서 바르지 않은 것을 고르시오.

最近、高速道路で①トラックを②ぶつかって死んでしまう③動物が増えている④そうです。

3. 밑줄 친 부분에 들어갈 적당한 말을 고르시오.

このカメは危険を感じると人 ______ かみつく恐れがありますので、近づかないでください。

① と　② に　③ が　④ を

3 자·타 대응동사

1. 자 · 타 대응동사란?

(a) 같은 어간을 공유하는 동사 짝 (b) 같은 의미를 가지는 동사 짝 (c) 자동사의 주어를 타동사의 목적어로 나타낼 수 있는 동사 짝

■ 集まる一集める

(a) [**a tu ma** ru]-[**a tu me** ru] : 어간 [**a tu m**] 를 공유한다.

(b) [모이다]-[모으다] : 의미를 공유한다.

(c) 学生が集まりました。 (O)

先生が学生を集めました。 (O)

→ (a)~(c)가 일치함으로 자·타 대응동사이다.

■ 入る一入れる

(a) [ha i ru]-[i re ru] : 공유하는 어간이 없다.

(b) [들어가다]-[넣다] : 의미를 공유한다.

(c) ボールが入った。 (O)

子供がボールを入れた。 (O)

→ 공유하는 어간(a)가 없으므로 자·타 대응동사가 아니다.

2. 자 · 타 대응유형

대응동사의 어미를 유형별로 나누어 보면 크게 10가지로 분류할 수 있다.

❶《iru-osu》형

起(お)きる一起(お)こす、落(お)ちる一落(お)とす、降(お)りる一降(お)ろす 등

国際的にいろんな問題が起きたり、いろいろと状況が変わってきたりします。

国際的にいろんな問題を起こしたり、いろいろと状況を変えたりします。

「ガタン」という音とともに頭の上から何かが落ちてきた。

硬さの実験で皿を落としてみた。

❷《iru-asu》형

生きる－生かす、伸びる－伸ばす、満ちる－満たす 등

- 背が伸びないから、毎日牛乳2リットル飲むことにした。
- 背を伸ばすために、毎日牛乳2リットル飲むことにした。
- 花の香りが部屋に満ちている。
- 彼は欲望を満たすためなら、何でもするタイプです。

❸《u-asu》형

動く－動かす、飛ぶ－飛ばす、減る－減らす、漏る－漏らす 등

- このテレビのリモコンでロボットが動いた。
- このテレビのリモコンでロボットを動かすことができました。
- この2週間、仕事が忙しくて体重が減った。
- 体重を減らすには、テニスに限ると思う。

❹《u-eru》형

開く－開ける、育つ－育てる、届く－届ける、整う－整える 등

- 彼は両親ではなく、祖父母のもとで育ちました。
- 彼を育てたのは両親ではなく、祖父母です。
- 青木さんは、電波の届かない場所にいるみたいです。
- 宅配便です。お荷物を届けにまいりました。

❺《eru-u》형

切れる－切る、砕ける－砕く、焼ける－焼く、割れる－割る 등

- もう息子とは、親子の縁が切れた。
- もう息子とは、親子の縁を切った。
- この肉はもう焼けたよ。食べてもいいよ。
- 肉を炭化で焼いて食べるともっとおいしくなる。

❻《aru-eru》형

上がる—上げる、当たる—当てる、決まる—決める、静まる—静める 등

- 的にボールが当たったら、100円あげるよ。
- 的にボールを当てたら、100円くれるの?
- 来月からニューヨーク勤務が決まりました。
- 進路を決めた時、祖父はとても喜んでくれました。

❼《eru-asu》형

出る—出す、荒れる—荒す、濡れる—濡らす、揺れる—揺らす 등

- こぼれた水で、テーブルが濡れた。
- こぼれた水は、テーブルを濡らした。
- このコップは冷めないし、揺れてもこぼれないよ。
- 私は大きなグラスの中で赤ワインを横に揺らした。

❽《reru-su》형

隠れる—隠す、崩れる—崩す、倒れる—倒す、流れる—流す 등

- 偏った食生活では、栄養バランスが崩れてしまいます。
- 偏った食生活をすると、栄養バランスを崩してしまいます。
- 時間が流れて、町も大きく変わった。
- 彼女との別れがどんなに辛くても涙を流したりしてはいけない。

❾《ru-su》형

起こる—起こす、返る—返す、通る—通す、残る—残す 등

- その時、奇跡が起こった。
- みんなの祈りが奇跡を起こした。
- あ、コーヒーがまだ残っている。飲んで帰ろう。
- どうしてこのおかずだけ残したの？

⑩《ru-seru》형 乗る－乗せる、載る－載せる、寄る－寄せる 등

- 私は船に乗るといつも船酔いをする。
- 私を乗せた船はとても素敵だった。
- 芸能人はどんな格好をしていても、人が寄ってくる。
- お母さんの背中に頬を寄せると温かい体温が伝わってきた。

자타대응 유형의 패턴

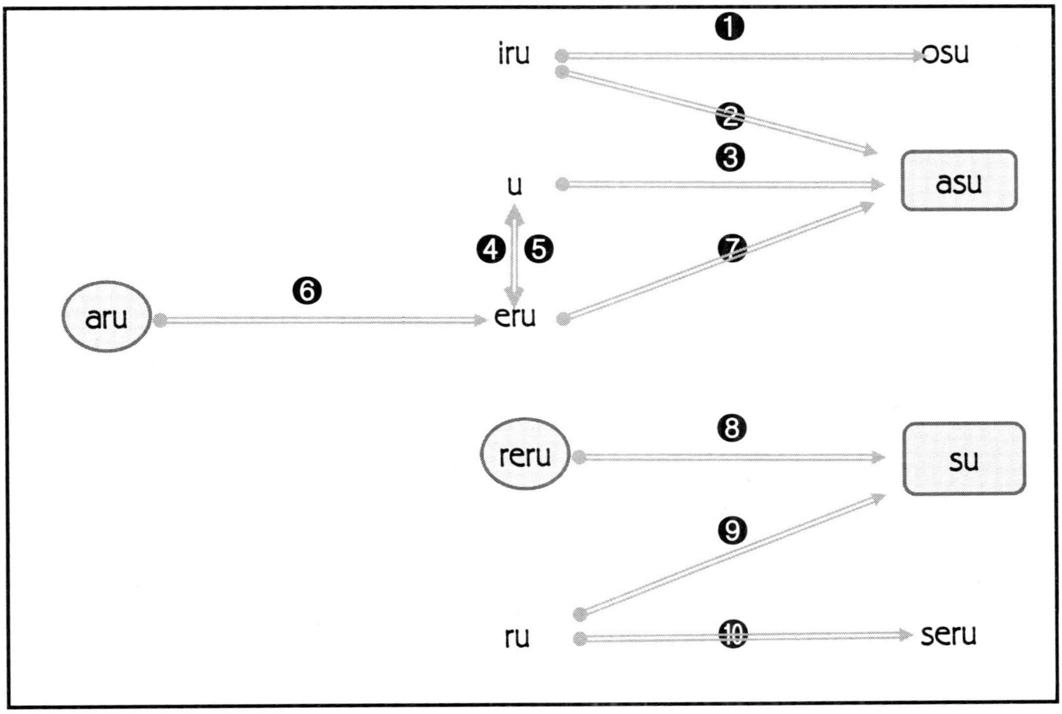

※ 괄호 안의 번호는 앞서 제시한 자・타 대응 유형을 나타내는 것으로 일본어 동사의 어미를 조사해본 결과 이런 양상을 보이고 있다.

「자・타 양용동사」

■ 하나의 동사가 자동사로도 타동사로도 사용되는 동사

開く　終わる　開始する　開店する　変わる　発展する 등

あと三日で、授業が終わります。 (학기종료)

これで今学期の授業を終わります。 (화자의 소극적 의지)

[終了のベルが鳴る]
先生：これで今日の授業を終わります。→ 수업이 완료, 마치는 시간이 됨
学生：ありがとうございました。

[続けて授業ができないほど学生が騒いでいる]
先生：これで今日の授業を終えます。→ 수업을 도중에 끝냄

高橋　：仕事が変わりましたね。→ 주체의 의지와 상관없는 대상의 변화
田中１：はい。自分の専門に合わなくて仕事を変えました。
→ 주체의 의지적 행동 (본인의 적극적인 의지)
田中２：はい。総務部に頼まれて仕事を変わりました。
→ 주체의 의지적 행동 (제3자의 의향에 따른 소극적 의지)

高橋：髪の色が変わりましたね。→ 주체의 의지와 상관없는 대상의 변화
田中：いいでしょう。イメチェンで { *色を変わりました。/ 色を変えました。}
→ 주체의 적극적인 의지

バス停の近くにラーメン屋が開店した。
→ 주체의 의지와 상관없는 대상의 변화

先輩がバス停の近くにラーメン屋を開店した。
→ 주체의 의지적 행동

「재귀동사」

■ 특징 - 주체가 행한 동작이 주체 자신에게 영향을 주는 동사를 말한다.
- 타동사의 형태를 취하지만 자동사의 의미를 가진 다.

浴びる　かぶる　着る　履く 등

私は皿を洗いました。 : 타동사

私は手を洗いました。 : 재귀적 용법

アメリカでは、靴を履いたまま部屋に入る。

バイトのあと、家に帰ってシャワーを浴びた。

ほら、あそこにいる帽子をかぶった男の子、かっこいいね。

연 습 문 제

1. 밑줄 친 부분과 다른 성격의 동사를 고르시오.

盆踊り(ぼんおど)には浴衣を着て行きます。

① 浴衣もものによっては家で洗うことができます。
② 床の上で履く履物といえば、どんなものがいいですか。
③ プールに入る前に、水泳キャップのかぶり方をよく読んでください。
④ 冷たいシャワーを浴びるだけで、やせるという研究結果が発表されました。

2. 밑줄 친 부분 ①~④ 중에서 바르지 않은 것을 고르세요.

映画やドラマだと(①)、警察は主人公が悪役を倒れる(②)のを近距離で観察していたとしか(③)思えない絶妙(④)のタイミングで到着するんだもん。

3. 밑줄 친 부분에 들어갈 적당한 말을 ①~④ 중에서 고르세요.

1) 人に ______ 悪いことばかりするなんて、どういうことですか。

① 隠して　② 隠した　③ 隠れて　④ 隠れた

2) 彼女は涙________演説しました。

① が流しながら　② を流しながら　③ が流れながら　④ を流れながら

4. 다음 동사에 대응하는 동사를 쓰시오.

(보기) 開く ➔ 開ける

① 動く ➔ ________

② 上がる ➔ ________

③ 荒れる ➔ ________

④ 起こる ➔ ________

⑤ 育つ ➔ ________

⑥ 伸びる ➔ ________

⑦ 割れる ➔ ________

종합연습문제

1. 次の文の(　　　)に入れるのに最もよいものを、①・②・③・④ から一つ選びなさい。

1) 意識を（　　　）行動が変わる。
① 変えれば　② 変えられば　③ 変われば　④ 変われられば

2) みなさんは空を（　　　）夢を見たことがありますか。
① 飛ばしてある　② 飛ばしている　③ 飛んである　④ 飛んでいる

3) 私は初めてスケート靴を（　　　）時、とてもわくわくした。
① かけた　② かぶった　③ 着た　④ 履いた

4) 約束が７時なら、もう家（　　　）そろそろ出た方がいい。
① が　② を　③ に　④ へ

5)「さっき別れた彼女、誰? 電話番号を（　　　）くれよ。」
① 教わって　② 教えて　③ 教わられて　④ 教えられて

6) ここでは「“好奇心”の扉（　　）開く旅、世界遺産」を紹介しています。
① は　② を　③ に　④ も

7) 彼女を愛していたが年をとるほど現実的な問題（　　　）ぶつかるようになった。
① が　② を　③ に　④ へ

8) テレビ番組で「扇子(せんす)を投げてひな人形を（　　　）」ゲームをやっているよ。
① 倒す　② 倒される　③ 倒れる　④ 倒れられる

9) 新宿(しんじゅく)文化センターでは来年の4月からテニススクール（　　　）始まる予定です。
① が　② を　③ で　④ へ

10) 駅から博物館に来る途中、僕たちはおおぜいの人たちを避けて細い裏道を（　　　）。
① 通していった　② 通してきた　③ 通っていった　④ 通ってきた

2. 次の文の＿＿♥＿＿に入る最もよいものを、①・②・③・④ から一つ選びなさい。

1) 何キロも ＿＿＿ ＿♥＿ ＿＿＿ ＿＿＿ 。
① 島が　② 離れていた　③ 近づいてきた　④ 少しずつ

2) 彼は店を ＿♥＿ ＿＿＿ ＿＿＿ ＿＿＿ の?
① あと　② そこに　③ 残った　④ 閉めた

3) お祖母さんに ＿＿＿ ＿＿＿ ＿＿＿ ＿♥＿ 。
① 教わった　② 教えた　③ 学生に　④ 歌を

4) 雨が ＿＿＿ ＿＿＿ ＿♥＿ ＿＿＿ 出ていた。
① たくさんの　② 止んだ　③ 空に　④ 星が

5) ＿＿＿ ＿♥＿ ＿＿＿ ＿＿＿ を10%も使わない。
① 人間は　② の中の　③ 自分　④ 力

6) 真っ白い ＿＿＿ ＿♥＿ ＿＿＿ ＿＿＿ 輝いていた。
① 冬の太陽　② 雪　③ が　④ を浴びて

7) 彼女はスカート ＿♥＿ ＿＿＿ ＿＿＿ ＿＿＿ にしない。
① 少しも　② 汚れても　③ 気　④ が

8) 仕事 ＿＿＿ ＿♥＿ ＿＿＿ ＿＿＿ 病院へ見舞いにきた。
① 終えた　② を　③ が　④ 父親

9) この世のもの ＿＿＿ ＿＿＿ ＿＿＿ ＿♥＿ 咲いています。
① 美しい花　② とは　③ が　④ 思えない

10) 保育園は仕事 ＿＿＿ ＿♥＿ ＿＿＿ ＿＿＿ を預かるところだ。
① 母親　② を持つ　③ 子供　④ のために

텐스

1. る형과 텐스
2. た형의 의미
3. 주절과 종속절의 텐스

텐스는 동사의 형태에 따라 시간적 전후(前後)관계를 나타내는 문법적 범주이다.

1. 과거 : 授業は、さきほど<u>終わった</u>。
2. 현재 : あっ、海が<u>見える</u>。
3. 미래 : 彼は明日<u>来る</u>。

1 る형과 텐스

1. 현재 : 상태동사의 る형(기본형)은 현재를 나타낸다.

- 私は英語だけでなく日本語も<u>できる</u>。
- 東京の新宿支店に勤めてる友だちが<u>いる</u>。
- 九州にはもうひとつの大きいゴルフ場が<u>ある</u>。

상태동사 : ある　いる　できる　わかる 등

2. 미래 : 동작 동사의 る형(기본형)은 미래를 나타낸다.

- 京都から長女の家族が<u>来る</u>。
- 明日、日本料理を<u>食べる</u>。
- 3時にはレポートを<u>出す</u>つもりです。

동작동사 : 동작을 나타내는 동사로, 상태동사가 아닌 대부분의 동사
遊ぶ　行く　来る　食べる　出る　飲む　走る 등

2 た형의 의미

1. 과거

駅前の商店街(しょうてんがい)を走った。

その件について、親と真剣に話をした。

とても重いテーマだったが、久しぶりにいい作品を読んだ。

2. 완료 : 동작이나 행위가 이미 끝났다는 사실에 초점을 맞춘 표현

彼女はもう来ましたか。

出発の時間はもう決まったかい？

電話に出たら、もう切れていた。

着いた時、映画はすでに始まっていた。

駅に着いたら、お電話ください。

日本へ行ったら、お好み焼きを食べます。

3. 발견

Ａ：日本語のテキスト見た？
Ｂ：見なかったけど。あっ、こんなところにあったよ。

Ａ：うちの猫がいなくなっちゃったんだ。君知らない？
Ｂ：猫? あっ、いた。今窓の外を走って行ったよ。

■「た」형 뿐만 아니라「る」형도 가능지만,「た」의 경우가 발견에 대한 기쁨의 정도가 강하다.

Ａ：新商品だからか、なかなかないね。あの店ならあるかな。
Ｂ：じゃ、私が入ってみる。(しばらくしてから) あった！あった！ここにはあったよ。やった！

4. 반사실적 사태

■ 발생하리라고 생각했던 사태가 일어나지 않는 경우

A：中山さんは昨日のパーティーに来た？
B：いや、来るはずだったんだけど···

■ 과거에 행하지 않은 사태에 대한 후회를 나타낼 경우

先生：田中君、今回の試験どうでしたか。
田中：もっとまじめに勉強していればよかったと思ってます。

(試験に落ちた時) もっと一生懸命勉強するべきだった。

5. 재인식・상기

A：彼の名前なんだったっけ。
B：林です。
A: あ、そうだ。林だった。今思い出した。

あ、そうだ。金さんとの待ち合わせは明日だった。

6. 행위요구・재촉

ちょっと待った。

さぁ、安いよ。買った、買った。

そこにいるとじゃまだよ。どいた、どいた。

3 주절과 종속절의 텐스

주절과 종속절의 텐스에 따라 의미가 달라진다.

中国に〔行く / 行った〕 時に 地図を〔買う / 買った〕。
종속절 주절

1. 아직 사태가 발생하지 않은 경우

I [주절 る형] [종속절 る형]

中国に行くときに地図を買う。

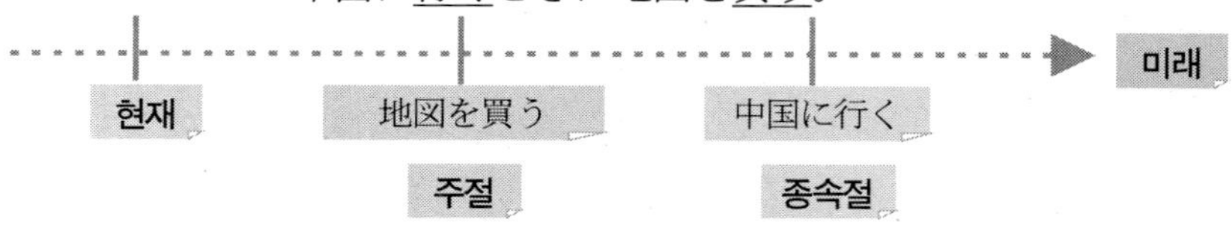

洗濯する時、洗剤を入れます。

ご飯を食べる時、手を洗います。

彼女のところに行く時、先に電話をかけます。

II [종속절 た형] [주절 る형]

中国に行ったときに地図を買う。

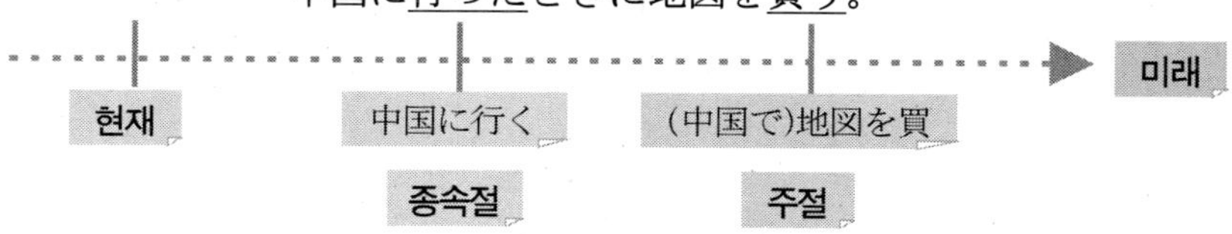

空港に着いたら、お電話します。

タバコを吸ったら、はいざらに捨てる。

猫は、ご飯を食べた後で顔や手をなめて洗います。

2. 이미 사태가 완료된 경우

Ⅲ [주절 た형] [종속절 る형]

中国に行くときに地図を買った。

- 彼氏が来るから家で待っていた。
- 旅立つ前に海外の情報を集めた。
- テニスをする時にすでに熱があった。

Ⅳ [주절 た형] [종속절 た형]

中国に行ったときに地図を買った。

- 少し考えた後で、うなずいた。
- 昨日は電車が雨で止まったので、大学に遅れました。
- 一生懸命勉強したのに、試験に落ちてしまいました。

연 습 문 제

1. 밑줄 친「た」의 의미를 괄호 안에 쓰시오.

보기）どうせ電話をするなら、こちらに直接、電話をすればよかったのになあ。（ 반사실적 사태 ）

1）さあ、買った、買った。安いよ。（　　　　）

2）夕べ、高速道路で交通事故があった。（　　　　）

3）なくしたと思っていたレポート、鞄の中にあったよ。（　　　　）

4）あ、そうだ。これは金さんのだった。（　　　　）

5）お父さんが帰ったとき、お母さんは台所でカレーを作っていた。（　　　　）

6）野村:　橋本さん、昨日も残業だったの。

橋本:　いいえ、残業するつもりだったが、体の具合が悪くて…。（　　　　）

2. 다음 문장을 읽고, 時計를 구입한, 구입할 장소 (① 스위스 / ② 스위스 이외)와 구입 여부 (③ 구입 / ④ 미구입)를 쓰시오.

1）スイスに行くとき、時計を買います。（　　　　）（　　　　）

2）スイスに行くとき、時計を買いました。（　　　　）（　　　　）

3）スイスに行ったとき、時計を買います。（　　　　）（　　　　）

4）スイスに行ったとき、時計を買いました。（　　　　）（　　　　）

종합연습문제

1. 次の文の(　　　)に入れるのに最もよいものを、①・②・③・④ から一つ選びなさい。

1) 何かあった(　　　)の判断は私がしよう。

① 時　② 前　③ 上　④ 間

2) 昨日(　　　)マンガのセリフに共感しました。

① 読む　② 読んだ　③ 読んでいる　④ 読んでいない

3) これを読む前と(　　　)後では大きな違いがある。

① 読んだ　② 読む　③ 読んでいる　④ 読んでいた

4) 来年(　　　)赤ちゃんのため、部屋の飾りに夢中になっている。

① 生まれた　② 生まれて　③ 生まれている　④ 生まれる

5) この薬を正しく服用するためには、(　　　)前に必ず読んで下さい。

① 飲んだ　② 飲んで　③ 飲む　④ 飲んでいる

6) 初めて本を(　　　)時、図書館利用カードを作ろうと思っている。

① 借りて　② 借りた　③ 借りる　④ 借りている

7) 昨日は(　　　)ので、今日は早く帰った。

① 残業した　② 残業して　③ 残業する　④ 残業している

8) あさって学校の図書館で会いましょう。私は9時のスクールバスに乗って(　　　)ので、学校には9時半に着くと思うんですけど。

① 行っている　② 行く　③ 行っていた　④ 行った

2. 次の文の ＿＿♥＿＿ に入る最もよいものを、①・②・③・④ から一つ選びなさい。

1) 彼と ＿＿＿ ＿＿♥＿＿ ＿＿＿ ＿＿＿。

① 喧嘩した　② 仲直りした　③ もう　④ が

2) 部屋に ＿＿＿ ＿＿♥＿＿ ＿＿＿ ＿＿＿下さい。

① 上がる　② そろえて　③ 時は　④ 靴を

3) 今年こそ ＿＿＿ ＿＿＿ ＿＿♥＿＿ ＿＿＿行きたいよ。

① 散る　② 前に　③ 見に　④ 梅の花が

4) パーティーが＿＿＿ ＿＿♥＿＿ ＿＿＿ ＿＿＿ 片付けました。

① あとで　② 私たちは　③ 部屋を　④ 終わった

5) 若い頃にこれを ＿＿＿ ＿＿＿ ＿＿♥＿＿ ＿＿＿、と思うことが誰でもあるはずです。

① いれば　② のに　③ よかった　④ 知って

6) 朝 ＿＿＿ ＿＿♥＿＿ 、＿＿＿ ＿＿＿忘れてしまった。

① 作ったのに　② おにぎりを　③ くるのを　④ 持って

7) 今日の午後、送る ＿＿＿ ＿＿♥＿＿ ＿＿＿ ＿＿＿、郵便局に行けなかった。

① つもり　② できて　③ だったんだけど　④ 急に用事が

8) 一ヶ月前ゴルフを＿＿＿ ＿＿♥＿＿ ＿＿＿ ＿＿＿なりました。

① ずいぶん　② 上手に　③ ばかりなのに　④ 始めた

아스펙트

1. 동사의 종류
2. て형 문형

아스펙트란 동작이나 상태가 「시작, 진행, 종료 후 결과상태」의 어느 단계에 해당하는지를 나타내는 것으로, 이에 따라 동사의 종류가 달라진다.

- **상태동사 : 현재의** 상태를 나타내는 동사
  ある、いる、できる(가능의 경우) 등
- **계속동사 :** 동작 · 작용의 계속을 나타내는 동사
  歩く、食べる、泣く、鳴る、走る、話す、吹く、降る、読む 、笑う 등
- **순간동사 :** 동작 · 작용을 나타내지만 그 동작이 순간적으로 끝나는 동사
  落ちる、消える、聞く、着る、死ぬ、倒れる、触れる 등
- **제4종동사 :** 항상「~ている」와 함께 사용하여 상태를 나타내는 동사
  /「어떤 상태를 보이는 것」
  ありふれる、優れる、ずば抜ける、そびえる、似る、ばかげる、曲がる 등

1 동사의 종류

1. 상태동사

- 「~ている」와 함께 사용할 수 없는 동사로, 「현재의 상태」를 나타낸다.

机の上に本が{ある / *あっている}。

お母さんは部屋に{いる /*いている}。

私は料理が{できる /*できている}。(가능)

- 단, 「できる」가 [완료]의 의미를 갖는 경우에는 「ている」의 접속이 가능하다.

もう料理はできている。(완료)

2. 계속동사

1) 동작의 진행

- 「~ている」에 접속하면 현재 동작이 진행되고 있음을 나타낸다.

さっきから雪が降っている。

彼は食堂で昼食を食べている。

佐藤さんは今グラウンドを走っている。

2) 반복 · 습관

■ 횟수나 빈도 등을 나타내는 표현과 함께 사용한다.

うちの子は牛乳を飲んでいる。 (동작의 진행)

うちの子は毎朝牛乳を飲んでいる。 (반복 · 습관)

お父さんは今ここで本を借りています。 (동작의 진행)

お父さんはいつもここで本を借りています。 (반복 · 습관)

週に一回はテニスクラブに通っている。 (반복)

彼女は毎年、日本語能力試験を受けています。 (반복)

3) 경험 · 경력

■ 과거 회상적 표현과 함께 사용한다.

福岡(ふくおか)は、もう５回も行っている。

森(もり)さんは、5年前に富士山(ふじさん)に登っている。

私は大阪(おおさか)で生まれて、幼い頃はそこで育っています。

お祖母さんの話によると、お祖父さんは、昔たくさんの小説を書いている。

3. 순간동사

■ 「~ている」에 접속하면 동작이 완료된 후의 상태가 현재 지속되고 있음을 나타낸다. (결과상태의 지속)

見て見て！ 庭に虫が死んでいるよ。

60代の男性が自転車とともに倒れているのが見つかりました。

■ 단, 순간동사라 하더라도 동작이 시간적인 폭을 나타내는 부사나 조동사와 함께 사용하면「동작의 진행」을 나타내는 경우도 있다.

葉っぱが落ちている。 (결과 상태의 지속)

葉っぱがゆっくりと落ちている。 (동작의 진행)

桜の花びらが散っている。 (결과 상태의 지속)

桜の花びらがはらはらと散っている。 (동작의 진행)

4. 제4종동사

■ 「~ている」 형으로만 사용되며, 항상 「상태」 만을 나타낸다.

山が高くそびえている。

彼女の能力はずばぬけている。

あの子は父親に本当によく似ている。

「~ている」 vs 「~てある」

1) 「~が+자동사+ている」 → ドアが開いている。(문이 열려져 있다)

현재 문이 열려있다는 「상태」 에만 초점을 두는 표현이다.

玄関の鍵がかかっている。

まだオープンの時間になってないのに、店のドアが開いている。

2) 「~を+타동사+ている」 → ドアを開けている。(문을 열고 있다)

지금 누군가가 문을 열고 있는 「동작 진행」 의 의미를 나타내는 표현이다.

小さい子供が一人でドアを開けている。

ご飯を食べているのは田中(たなか)さんですか。

3) 「~を+타동사+てある」 → ドアを開けてある。(화자가 문을 열어 놓다)

「화자」 가 의도적으로 문을 열어놓은 결과, 문이 열려져 있는 상태를 강조하는 표현이다.

タバコの匂いがしたので、しばらく研究室のドアを開けてある。

公園の駐輪場に自転車を止めてあるから、帰りは自転車で帰ります。

4) 「~が+타동사+てある」 → ドアが開けてある。(누군가가 문을 열어 놓다)

「누군가」 의 동작에 의해 현재 문이 열려져 있는 상태를 강조하는 표현이다.

ドアにタオルが、かけてある。

玄関の鍵が、かけてある。誰が、かけたんだろう。

※ 「~ている」 는 자동사와 타동사 둘 다에 접속하고, 「~てある」 는 타동사에만 접속한다.

연습문제

1. 밑줄 친 부분과 다른 성격의 동사를 고르시오.

発音の練習のため、声を出して本を読んでいる。

① 今、歩道橋を歩いています。

② あそこの子供は、泣いているように見える。

③ 今、大事な話をしているから、後で連絡してください。

④ 道端(みちばた)に財布が落ちているのを見て、拾おうかどうかちょっと悩んだ。

2. 밑줄 친 부분과 다른 의미의 동사를 고르시오.

いつもこのサイトで本を注文しています。

① 毎晩、寝る前にストレッチングをしています。

② この図書館では、毎週、映画を上映している。

③ 彼女は会社で働きながら、週に一回は大学院に通っている。

④ 彼は小学生のとき、日本に留学している。でも、日本語がそんなに上手ではない。

3. 밑줄 친 부분 중에서 바르지 않은 것을 고르시오.

アンケート①調査の結果によると、多くの人②が自分は平均よりすぐれる③と思う傾向があるそうです④。

4. 다음 빈칸에 들어갈 적당한 말을 고르시오.

1) 娘の誕生日パーティーの準備はもう（　　　）。

① できよう　② できている　③ できられる　④ できていない

2) この都市ほど、優秀な人材（　　　）場所はない。

① が集まっている　② が集まってある　③ を集まっている　④ を集まってある

2 て형 문형

~ておく

1. 사전 준비

- 어떤 목적을 위해 미리 행위를 해 두는 것을 의미한다.
- 「あらかじめ、~うちに、前に、前もって」 등의 표현과 함께 사용된다.

若いうちにいろんな経験をしておこう。

旅行に行く前に、カーナビをアップデートしておこう。

留学する前に準備しておくことがあったら教えてください。

展示会に参加するかどうかをあらかじめ彼に言っておいてください。

2. 결과 상태의 유지

- 행위의 결과, 나타난 상태가 일정기간 동안 계속 된다.
- 주로 기간을 나타내는 표현과 함께 사용된다.

箱に本をしばらく入れておいた。

凍った魚を1時間出しておいた。

暑いので、ずっと窓を開けておいた。

このコートは、来年の冬までたんすに入れておこう。

~てみる

- 정확한 결과를 얻기 위해 시험삼아 어떤 행위를 하다.

一度、ジャスダンズを習ってみよう。

ズボンの修繕(しゅうぜん)をするから、ちょっとはいてみてください。

プレゼントを買う前に、どんなものが必要か聞いてみよう。

先週、友だちと一緒に話題になっているラーメン屋に行ってみました。

~てくる

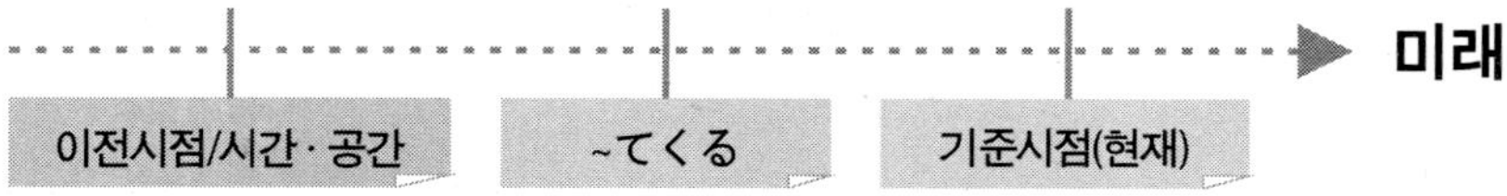

1. 시간과 관련된 변화 (이전시점에서 기준시점으로)

- だいぶ日本の生活に慣れてきました。
- 寒くなって風邪を引く人が増えてきた。
- 日本語の授業はだんだん難しくなってきました。

2. 이동과 관련된 변화 (주체·대상)

- 家のテラスに石が飛んできました。
- 彼女がポップコーンとコーラを買ってきた。
- うちの子はお腹がすくと、すぐ帰ってくる。
- 週1回、実家から手作りのおかずを持ってきます。

~ていく ~해 가다 / 지다

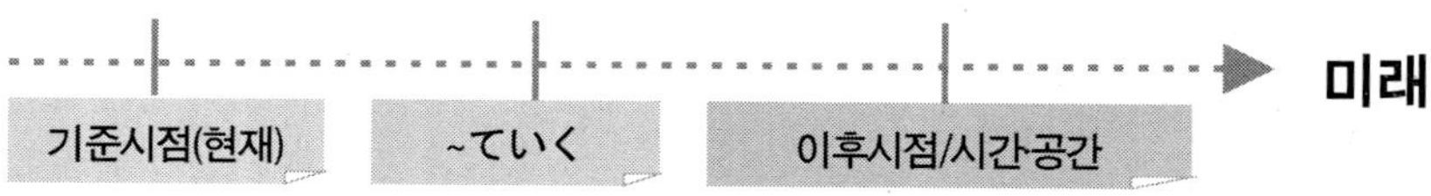

1. 시간과 관련된 변화 (기준시점에서 이후시점으로)

- 午後から風がだんだん強くなっていくでしょう。
- これからも通訳の仕事を続けていくつもりです。
- 私たちの生活は、どんどん変わっていくでしょう。
- 韓国では、人口がだんだん減っていくだろうと言われています。

2. 이동과 관련된 변화 (주체)

冬になると、鳥は南の国へ飛んでいきます。

昨日はバスに乗り遅れて、学校まで歩いていきました。

大きな声を出したので、猫は驚いて向こうに逃げていきました。

~てしまう

1. 완료

最近、働きすぎで体力が落ちてしまった。

村上春樹の小説は、すべて読んでしまいました。

お腹いっぱいだなあと思いながらも全部食べてしまいました。

2. 유감·아쉬움

疲れのあまりメイクしたまま寝ちゃった。

大事にしていたノートパソコンが壊れてしまった。あ、どうしよう。

- 유감·아쉬움은 무의지동사나「つい、思わず、うっかり」등과 같은 부사와도 접속한다.

つい悪口を言ってしまった。

大切なメールをうっかり削除してしまった。

要らないのに、テレビのCMがきっかけで思わず買ってしまいました。

연 습 문 제

1. 밑줄 친 부분과 다른 용법을 고르시오.

梅雨に入る前に布団を干しておきましょう。

① 老後を楽しむために、貯金をしておこう。
② クリスマスツリーは、年末まで飾っておこう。
③ 明日出張だから、ドラマを録画しておいてね。
④ 次のテストまで、間違った部分をチェックしておいてください。

2. 밑줄 친 부분 중에서 바르지 않은 것을 고르시오.

1) 帰りには①ホストファミリーに空港まで②見送ってもらって③それにお土産までもらっておいた④。

2) 日常①生活のなかで、私たちは生き②ているのだと自覚したとき、感動と喜び③が実感されていきます④。

3. 밑줄 친 부분에 들어갈 적당한 말을 고르시오.

1) 熱があるから、測って（　　　）。

① おこう　② しよう　③ いこう　④ こよう

2) 彼は復習や予習をあまりしなくても、授業を聞いていれば一度で（　　　）能力の持ち主だ。

① 覚えておく　② 覚えてみる　③ 覚えていく　④ 覚えてしまう

3) 辛いかどうか分からないので、試しに食べ（　　　）。

① ておく　② てみる　③ ていく　④ てしまう

종합연습문제

1. 次の文の(　　　)に入れるのに最もよいものを、①・②・③・④ から一つ選びなさい。

1) 最近、寒くなって(　　　　　)ね。
① なりました　② おきました　③ きました　④ しました

2) 子供のお粥(かゆ)だから、(　　　　　)。
① 冷ましてしまう　② 冷ましていく　③ 冷ましている　④ 冷ましておいた

3) 昔よりも、ヨガを習う人が増えて(　　　　　)。
① きました　② おきました　③ ありました　④ いきました

4) ほら、見て！海岸にくじらが(　　　　　)よ。
① 死んでいる　② 死んでおく　③ 死ぬ　④ 死んである

5) 半導体(はんどうたい)の分野では韓国の方が他の国より(　　　　　)。
① すぐれました　② すぐれている　③ すぐれる　④ すぐれてある

6) 学生の出入りが多いので、このドアはいつも(　　　　　)。
① 開けてきます　② 開けてあります　③ 開けてします　④ 開けていきます

7) 大学を卒業したら、一度アフリカへ(　　　　　)みたいです。
① 行って　② 行った　③ 行こう　④ 行く

8) これからもアメリカに出かける中国人は(　　　　　)いくでしょう。
① ふえて　② ふえる　③ ふえよう　④ ふえた

9) 小林(こばやし)先生は今部屋にいません。ドアに鍵がかけて(　　　　　)。
① います　② あります　③ おきます　④ します

10) 春なのに、今朝はとても寒かったので、風邪をひいて(　　　　　)そうでした。
① おき　② しまい　③ き　④ み

2. 次の文の＿＿♥＿＿に入る最も よいものを、①・②・③・④ から一つ選びなさい。

1) 知らない ＿＿＿＿ ＿＿♥＿＿ ＿＿＿＿ ＿＿＿＿ 。
① みました ② 検索して ③ 単語があって ④ ネットで

2) 生チョコを ＿＿＿＿ ＿＿＿＿、 ＿＿♥＿＿ ＿＿＿＿ 。
① 食べないで ② 一個だけ ③ 食べてしまった ④ いようとしたが

3) 疲れたせいか、 ＿＿＿＿ ＿＿♥＿＿ ＿＿＿＿ ＿＿＿＿ 。
① 朝起きて ② 声が ③ みたら ④ 割れていた

4) 同じパソコンでも ＿＿＿＿ ＿＿♥＿＿ ＿＿＿＿ ＿＿＿＿ 。
① 違っているので ② 値段が ③ 調べてみた ④ 店によって

5) 11時も過ぎたのに、 ＿＿＿＿ ＿＿♥＿＿ ＿＿＿＿ ＿＿＿＿ 。
① 一人で ② 彼は ③ 飲んでいる ④ お酒を

6) テーブルに ＿＿＿＿ ＿＿＿＿ ＿＿＿＿ ＿＿♥＿＿ ください。
① 出して ② 宿題を ③ おいて ④ 先週の

7) まだ早いと思ったが、 ＿＿＿＿ ＿＿＿＿ ＿＿♥＿＿ ＿＿＿＿ 。
① 満開 ② 桜が ③ あっという間に ④ になっていた。

8) テニスをこつこつと ＿＿＿＿ ＿＿♥＿＿ ＿＿＿＿ ＿＿＿＿ きました。
① 体が ② やったら ③ 丈夫に ④ なって

9) このモデルは、今は安いけど、 ＿＿＿＿ ＿＿＿＿ ＿＿♥＿＿ ＿＿＿＿ でしょう。
① なって ② 行く ③ これから ④ 高く

10) テーブルの上に ＿＿＿＿ ＿＿＿＿ ＿＿♥＿＿ ＿＿＿＿ 、自由に食べてください。
① お菓子が ② あります ③ 置いて ④ から

복합동사

1. 복합동사의 구조
2. 의미 중심에 따른 분류

복합동사란, 독립된 의미를 가진 두 개의 단어가 결합하여, 새로운 의미를 나타내는 동사를 말한다. 하나의 동사만으로는 표현할 수 없는 구체적인 동작과 상황을 보다 사실적이고 자세하게 전달할 수 있다.

1 복합동사의 구조

1. 명사 + 동사

傷付ける　　片付ける　　背負う　　裏切る　　裏返す 등

- 彼は若いのに、借金を背負っている。
- 君のことを信用して大金を貸してやったのに、裏切るなんて信じられない。

2. 형용사 어간 + 동사

元気づける　　近寄る　　遠ざける　　長引く　　若返る 등

- あの会社は、長引く不況で大変みたい。
- 試験に落ちた妹を元気づけようと、ディズニーランドへ連れて行った。

3. 부사・의태어・의성어 + 동사

うろつく　　ぶら下げる　　ほっとする　　ぼんやりする 등

- ぼんやりしていないで、早く宿題でもしなさい。
- 祖父はいつも腰にタオルをぶら下げて銭湯に行く。

4. 동사ます형 + 동사

言い出す　　思い続ける　　書き始める　　話し掛ける　　読み終わる 등

- 私は高校の時に出会った初恋の人を思い続けてきた。
- 妹は父の気分が良い時を狙って、急に「留学したい」と言い出した。

2 의미에 따른 분류

❶ ~出す

① ~내다, 나오다

自分の都合で簡単に放り出すことはできない。

あの人がたくさんの流行語を作り出した芸能人です。

明子はカバンからノートパソコンを取り出して、作業を始めた。

② (갑자기) ~하기 시작하다 / 반복해 ~하다

音楽をかけると、みんなが音楽に合わせて踊り出しました。

傘も持ってないのに、急に空が暗くなって雨が降り出した。

祖母は雨が降ると、チヂミを作り出す。

放り出す	作り出す	取り出す	踊り出す
言い出す	書き出す	誘い出す	燃え出す 등

❷ ~得る

~할 수 있다 / ~할 가능성이 있다

条件次第で、十分有り得る。

これから起こり得るすべてのことについて真剣に考えてみましょう。

有り得る	起こり得る	知り得る	耐え得る 등

得る「~える」vs「~うる」

■「~える」는 부정이 가능하지만,「~うる」는 부정에는 사용할 수 없다.

授業に遅れるなんて、彼にとっては {ありえない/*ありうらない} ことです。

企業にとって都合の悪いシステムの導入を、取り上げたり検討したりすることは {ありえない/*ありうらない} 話だ。

❸ ~始(はじ)める　~하기 시작하다

彼はトイレから戻って、再び飲み始めた。

橋本(はしもと)さんは買ったばかりの本を広げ、読み始めた。

九州(きゅうしゅう)ではそろそろ桜が咲き始めるので、週末にでも花見に行きましょう。

歩(ある)き始(はじ)める	書(か)き始(はじ)める	咲(さ)き始(はじ)める	食(た)べ始(はじ)める
飲(の)み始(はじ)める	働(はたら)き始(はじ)める	待(ま)ち始(はじ)める	焼(や)き始(はじ)める 등

「~出す」vs「~始める」

■「~だす」와「~はじめる」는 어떤 상황이나 동작의 시작을 의미한다. 그러나「~だす」는 "갑작스러운 상황" 에 사용되며, 주로 의지형이나 계획적인 예정에는 접속할 수 없다.

急用を思い {*始めた/出した}ので、今日はこれで失礼します。

パーティーに出す料理を夕方から作り {始め/*出し}ましょう。

時計の針が5時に近づき、あたりは暗くなり {始めて/*出して}いる。

❹ ~合う　서로~하다

彼らが付き合ったのは五年前だ。

子供たちは殴り合いながら成長していきます。

リストラになってから一年、本格的に生活問題に向き合うことになった。

落ち合う	込み合う	知り合う	助け合う
付き合う	殴り合う	話し合う	向き合う 등

❺ ~掛ける　막~하려고 하다, ~하기 시작하다

髪は薄くなりかけているが、顔立ちは若々しい。

夫は食事をした後に何かを言いかけたがすぐやめた。

母は作りかけた料理にラップをかけて、冷蔵庫にしまってから出かけた。

言い掛ける	追い掛ける	書き掛ける	作り掛ける
成り掛ける	飲み掛ける	働き掛ける	笑い掛ける 등

「~掛ける」vs「~始める」

■ 「~かける」와 「~はじめる」는 어떤 상황이나 동작의 시작을 나타내며, 비슷하게 사용되는 경우가 많다. 「~はじめる」는 "시작과 끝"이 있는 시작단계를 나타내기 때문에 동작이나 변화의 과정성을 가진다. 이에 비해 「~かける」는 동작이나 변화의 시작시점에 중점이 있고, 시작된 후 도중에 그만두는 경우에 주로 사용한다.

では、今から質問の答えを書き始めてください。

出発のベルがなって、電車は少しずつ動き始めました。

あの人は仕事をやりかけて、どこへ行ったんだろう。

父は玄関を出て外に行きかけたが、何か思いついたかのように戻ってきた。

연 습 문 제

1. 다음 중 (　) 안에 들어갈 알맞은 것을 고르시오.

1) 人はお互いに(　　　　　　)いかなければならない。

① 助け合って　② 助けかけて　③ 助け得て　④ 助け出して

2) 突破しようという強い意思がないと、何事も(　　　　　　)。

① 成しうる　② 成しえる　③ 成しうらない　④ 成しえない

3) 先生だからといって学校の全てを(　　　　　　)ことはまずないだろう。

① 知り得ない　② 知り得る　③ 知合う　④ 知り合う

4) もう3月ですから、上野公園ではそろそろ桜が(　　　　　　)頃です。

① 咲き出す　② 咲きかける　③ 咲き始める　④ 咲きおわる

5) 彼女は私をみて(　　　　　　)が、いつの間にか表情が変ってしまった。

① 笑い尽くした　② 笑いかけた　③ 笑いえた　④ 笑い切った

6) 彼は朝から熱があると言ってたが、お昼すぎに急に(　　　　　　)のには驚いた。

① 吐き出した　② 吐きかけた　③ 吐き始めた　④ 吐き終わった

❻ ~込(こ)む

① 안(속)에 넣다 / 들어가다

面倒な話を持ち込んできて困ってしまった。

彼女は彼氏について何かを言おうとしたが、そのまま言葉を飲み込んだ。

② 깊이~하다 / 어떤 상태에 빠지다

彼は疲れたのか、いつの間にか眠り込んでしまった。

将来のことについて考え込んでいる間に東京(とうきょう)に着いてしまった。

①	滑(すべ)り込(こ)む	飛(と)び込(こ)む	飲(の)み込(こ)む	持(も)ち込(こ)む
②	考(かんが)え込(こ)む	染(し)み込(こ)む	吸(す)い込(こ)む	眠(ねむ)り込(こ)む 등

❼ ~切(き)る 다(완전히)~하다

今日は、夫が疲れ切った顔で帰ってきたのでちょっと心配です。

給料日まで20日(はつか)もあるのに、もうお金を全部使い切ってしまった。

細かい数字は気にせず、最後まで読み切ることだけでも勉強になると思います。

思(おも)い切(き)る	数(かぞ)え切(き)る	困(こま)り切(き)る	乗(の)り切(き)る
使(つか)い切(き)る	疲(つか)れ切(き)る	読(よ)み切(き)る	割(わ)り切(き)る 등

❽ ~過(す)ぎる 너무~하다, ~이 지나치다

先ほどは、笑いすぎてお腹が痛かった。

彼女に言いすぎてしまったことを、今は反省している。

視力が悪くなったのは、勉強をしすぎたせいではないでしょうか。

言い過ぎる	考え過ぎる	し過ぎる	食べ過ぎる
飲み過ぎる	働き過ぎる	太り過ぎる	笑い過ぎる 등

❾ ~続ける　계속해서~하다

- 一年前から書き続けてきた小説をやっと完成させた。
- 彼女は安心したように、そのまま高橋さんの手を握り続けた。
- 私は進学のことで、長い間、両親と話し合いながら考え続けてきた。

歩き続ける	書き続ける	考え続ける	苦しみ続ける
喋り続ける	食べ続ける	握り続ける	走り続ける 등

❿ ~上げる　끝까지~ 하다, ~해내다, 완성하다

- 誰も手伝ってくれないので、一人で作り上げた。
- 警察はその事件について、様々なことを調べ上げた。
- 長編小説を書き上げるには、体力が必要になります。

書き上げる	切り上げる	絞り上げる	調べ上げる
作り上げる	積み上げる	盛り上げる	読み上げる 등

⓫ ~掛かる　막(마침)~하다, ~하기 시작하다

- 善子はついさっき、郵便局の前を通りかかった。
- 今まで家で飼っていた犬が、いきなり襲いかかってきた。
- 母は少し休んでから、昨年からやってきた仕事に取りかかった。

襲い掛かる	溺れ掛かる	消え掛かる	暮れ掛かる
寄り掛かる	死に掛かる	通り掛かる	取り掛かる 등

⑫ ~尽す　다(완전히)~하다, 자세히 ~하다

- 彼とはお互いの家に泊まりあっているので、生活習慣も性格も知り尽しています。
- 昨日起きたトラブルをきっかけに、これまでお互い言えなかったことを言い尽くした。

言い尽くす	埋め尽くす	立ち尽くす	知り尽くす
食べ尽くす	使い尽くす	焼き尽くす	やり尽くす 등

「~切る」vs「~尽くす」

■ 「~切る」와「~尽くす」는 동작의 완수를 나타낸다.「~切る」는 동작을 시작하여「끝까지 완수한다」는「결과」에 초점이 있으며, 주로「最後まで」와 같은 부사와 자주 결합한다.「~尽くす」는 동작을 끝내기 위해「최선의 노력을 다한다」는「과정」에 초점이 있는 것으로,「全部, すべて」와 같은 부사와 주로 결합하며, 설정된 양이나 범위를 모두 완료하였음을 나타낸다.

- 喉が乾いていたので、缶ビールを一気に最後まで飲み切った。
- 先週は家の冷蔵庫にあった缶ビールを全部飲み尽くした。

- 夕べ買ったばかりの小説を一晩で読み切った。　(1권)
- 夕べ買ったばかりの小説を一晩で読み尽くした。　(시리즈일 가능성)

연 습 문 제

1. 다음 중 (　) 안에 들어갈 알맞은 것을 고르시오.

1) 潜水士(せんすいし)が海中に(　　　　　)海に落ちた乗客を救った。

① 飛び込んで　② 飛び切って　③ 飛び過ぎて　④ 飛び尽くし

2) 私はいつも出されたものは全部(　　　　　)とする。

① 食べ過ぎよう　② 食べ続けそう　③ 食べ上げよう　④ 食べ尽くそう

3) お母さんはさっきからぼんやり(　　　　　)。

① 考え上げている　② 考え尽くしている　③ 考えすぎている　④ 考え込んでいる

4) 日が(　　　　　)のに、まだ子供が帰ってこないので心配だ。

① 暮れ込んでいる　② 暮れ掛かっている　③ 暮れ続けている　④ 暮れ尽くしている

5) 昨日よりは今日、今日より明日と、いつも未来に向かって(　　　　　)私です。

① 歩き込む　② 歩き続ける　③ 歩き過ぎる　④ 歩き上げる

6) 原稿を3ヶ月かけてやっと(　　　　　)。

① 書き上げた　② 書き過ぎた　③ 書き続けた　④ 書き始めた

7) あの人が急に倒れたのは、いくらやり手だったとしても(　　　　　)せいに違いない。

① 食べすぎた　② 働きすぎた　③ 寝すぎた　④ 遊びすぎた

⑬ ~返(かえ)す

① 되돌려~하다

昨日の出来事を最初から思い返してみた。

やられたらやり返すみたいに攻撃的(こうげきてき)になるのはよくないと思います。

② 되풀이하다, 반복하다

何度も聞き返して、やっと歌詞の意味がわかった。

カバンの中を何度も見返したが、財布は見つからなかった。

① 思(おも)い返(かえ)す	殴(なぐ)り返(かえ)す	盛(も)り返(かえ)す	やり返(かえ)す
② 言(い)い返(かえ)す	聞(き)き返(かえ)す	繰(く)り返(かえ)す	見返(みかえ)す 등

⑭ ~直(なお)す (다시)~하다

間違えたのは1ヶ所なので、修正テープを使って書き直した。

計画推進のためのプログラムを改めて作り直す必要があります。

職場でのささいなトラブルが、自分を見直すきっかけになったんです。

洗(あら)い直(なお)す	言(い)い直(なお)す	書(か)き直(なお)す	かけ直(なお)す
考(かんが)え直(なお)す	立(た)て直(なお)す	作(つく)り直(なお)す	見直(みなお)す 등

⑮ ~上(あ)がる

① 오르다, 일어서다

あのネズミが目を覚まして起き上がる可能性は、まったくない。

老婦人が顔を見せると、居間にいた三人の女たちが立ち上がった。

② 끝나다, 다~하다, 완전히~하다

ご飯が炊き上がるまで、ちょっと我慢してね。

注文していた着物が、一ヶ月かかってやっとできあがった。

① 浮かび上がる　　起き上がる　　立ち上がる　　飛び上がる
② 書き上がる　　炊き上がる　　でき上がる　　盛り上がる 등

⑯ ~取る　(~해서 자기 것으로)하다. 손에 넣다. 취하다

以前から貯めていた資金で、あの店を買い取ることにしました。

私は職業の現場でその内容を学び取るというビジネスインターンです。

都へ運ばれる様々な産物の名前を読み取ることができるまで、かなり時間がかかった。

受け取る　　買い取る　　切り取る　　奪い取る
吸い取る　　引き取る　　学び取る　　読み取る 등

⑰ ~終る　~가 끝나다 / 완료되다

答えを書き終わった人は、前に出してください。

この本を読み終わる頃には帰って来るでしょう。

今は食事中なので、食べ終わったら電話します。

洗い終わる　　書き終わる　　配り終わる　　咲き終わる
調べ終わる　　食べ終わる　　飲み終わる　　読み終わる 등

⑱ ~抜く

① 완전히(끝까지)~하다

人の表面と中身を知り抜くまでは、かなり時間がかかるでしょう。

幼い頃から生涯を通じて守り抜いた自分なりの信念ですから誇りをもっています。

② 계속~하다

昔は借金に追われ、貧困を苦しみ抜いた時期もありました。

あのテニス選手は厳しいトーナメントを勝ち抜いて優勝した。

① 生き抜く	知り抜く	走り抜く	守り抜く
② 考え抜く	苦しみ抜く	書き抜く	勝ち抜く 등

연 습 문 제

1. 다음 중 (　) 안에 들어갈 알맞은 것을 고르시오.

1) ファッションの流行りやトレンドは(　　　　　)ものです。

① 繰り終わる　② 繰り取る　③ 繰り直す　④ 繰り返す

2) この花は咲き始めと(　　　　　)に少しピンク色になります。

① 咲き終わり　② 咲き抜き　③ 咲き上がり　④ 咲き取り

3) 同じ言葉でも状況によっては(　　　　　)が全然違ったりする。

① 受け直し方　② 受け取り方　③ 受け上がり方　④ 受け終わり方

4) これは頭が割れそうになるほど(　　　　　)結果、出した結論です。

① 考え抜いた　② 考え上がった　③ 考え終わった　④ 考え取った

5) 友達との相談に(　　　　　)、気がついたらもうこんな時間になっていた。

① 盛り返し　② 盛り直し　③ 盛り上がり　④ 盛り抜き

6) 面接ではなくて日常会話であれば、(　　　)ことなく、そのまま話し続けてもいいでしょう。

① 言い上がる　② 言い抜く　③ 言い直す　④ 言い取る

종합연습문제

1．次の文の(　　　)に入れるのに最もよいものを、①・②・③・④ から一つ選びなさい。

1) 7歳から10年間、音楽教室でピアノを習い（　　　）いました。
① だして　② おわって　③ はじめて　④ つづけて

2) この本を（　　　）終わったら、私にも貸してくださいね。
① 読ま　② 読み　③ 読め　④ 読む

3) 息子は学校から帰ってきて、玄関先で急に泣き（　　　）。
① つづいた　② はじまった　③ だした　④ おわった

4) 夫婦とはお互いに助け（　　　）もので、決して競争相手ではない。
① 合う　② 合い　③ 合って　④ 合っての

5) 今朝、買ったばかりの小説を一日で（　　　）なんて、すごいですね。
① 読み込む　② 書きすぎる　③ 読み上げる　④ 書き回る

6) いくらおいしいものだとしても、（　　　）すぎるのは健康によくないですよ。
① 食べ　② 食べる　③ 食べて　④ 食べるの

7) 火事になると危ないので、（　　　）のタバコをそのまま捨てないでください。
① 吸いながら　② 吸いすぎ　③ 吸いはじまり　④ 吸いかけ

8) この危機を（　　　）ためには、従業員を減らした方がいいという意見も出た。
① 乗り出す　② 乗り切る　③ 乗り始める　④ 乗り込む

9) 夫は肉や野菜などを長く（　　　）料理が好きなので、いつも作るのに時間がかかります。
① 煮かける　② 煮すぎる　③ 煮込んだ　④ 煮つつある

10) 日ごとに変わる競争時代を（　　　）ためには、いろいろなことについて勉強する必要があります。
① 生き切る　② 生き抜く　③ 生き終わる　④ 生き始める

2. 次の文の ＿＿♥＿＿ に入る最もよいものを、①・②・③・④ から一つ選びなさい。

1) 彼は帰国した後、＿＿＿＿ ＿＿＿＿ ＿＿♥＿＿ ＿＿＿＿ 努力しています。
① 社会に役に立つ　② 留学の成果を　③ 生かして　④ 役割を果たそうと

2) 何回も繰り返して ＿＿♥＿＿ ＿＿＿＿ ＿＿＿＿ ＿＿＿＿ さっぱり分からなかった。
① 何が　② 彼は　③ 言いたいのか　④ 聞いてみても

3) 元々 ＿＿＿＿ ＿＿♥＿＿ ＿＿＿＿ ＿＿＿＿ 分からないでしょうね。
① 読み込まないと　② 何を　③ 言いたいのか　④ この本の作者が

4) 昨日起きた事件の ＿＿♥＿＿ ＿＿＿＿ ＿＿＿＿ ＿＿＿＿ 難しい。
① 悲しみを　② とても　③ 言葉で　④ 言い尽くすことは

5) 私は幼い時から ＿＿＿＿ ＿＿＿＿ ＿＿＿＿ ＿＿♥＿＿ 時もあった。
① 何日も　② ベッドから　③ 起きあがれない　④ 頭痛がひどくて

6) 子供たちはサンタに ＿＿＿＿ ＿＿♥＿＿ ＿＿＿＿ ＿＿＿＿ 喜びました。
① 受け取ったように　② 大きな声を　③ プレゼントでも　④ 出しながら

7) 友だちに日本語で ＿＿＿＿ ＿＿＿＿ ＿＿＿＿ ＿＿♥＿＿ できなかった。
① 手紙を出そうと　② 書き直しましたが　③ うまく　④ 何回も

8) 小さな二つの共同体が ＿＿＿＿ ＿＿＿＿ ＿＿＿＿ ＿＿♥＿＿ 必要があった。
① 現代を　② お互いに　③ 生きぬくためには　④ 助け合う

9) 彼女の年齢について ＿＿＿＿ ＿＿♥＿＿、 ＿＿＿＿ ＿＿＿＿ 飲み込んでしまった。
① 何かを　② そのまま　③ 言葉を　④ 言いかけたが

10) やっと風邪が ＿＿＿ ＿＿＿ 、＿＿♥＿＿ ＿＿＿ またくしゃみが出てぶり返してしまった。
① 治りかけて　② 入ったら　③ お風呂に　④ いたが

수동

1. 직접 수동문
2. 간접 수동문
3. 소유자 수동문

수동이란, 행위자(동작주) 입장에서 표현하는 능동표현에 비해 동작을 받은 사람(피동작주)의 입장에서 표현하는 것이다.

수동형 만들기

V 그룹	접 속 형 태	
1 그룹	ない형 + れる	ex) よむ → よまれる
2 그룹	ない형 + られる	ex) たべる → たべられる
3 그룹	する → される	
	くる → こられる	

1 직접 수동문

■ 능동문

N1	が	N2	を	する

■ 수동문

N2	が	N1	に	される

父が姉を叱った。 → 姉は父に叱られた。

太郎が次郎をなぐった。 → 次郎は太郎になぐられた。

お父さんが娘をほめる。 → 娘がお父さんにほめられる。

1. 수동형을 쓰는 경우

1) 동작주 보다 동작을 받는 사람 입장에서 사태를 나타내는 경우

子供が犬に噛まれた。

洋子さんは先生に呼ばれた。

2) 복문의 경우, 전항과 후항의 주어가 달라, 주어의 일치가 필요한 경우

みんなに愛されて、彼女は幸せそうだった。

息子に撫でられて、その子猫は嬉しそうでした。

3) 동작주를 특정할 수 없거나 불특정 다수인 경우

あのドラマはみんなに知られている。

最近、どんな本がよく読まれてますか。

4) 불특정한 사람이 동작을 하고, 화자가 그 동작을 받는 피동작주인 경우

町を歩いていると、いきなり呼び止められたのでびっくりした。

5) 능동태를 가지지 않는 경우

この火災で12世帯、57人が焼け出された。

その国は石油やダイヤモンドなどの天然資源に恵まれている。

2. 동작주가 취하는 격조사 : 「に」/「から」/「によって」

1) 수동문의 동작주는 기본적으로 「に」로 나타낸다.

老人は看護婦に支えられて歩いている。

■ 한 문장에서 「に」의 중복 사용을 피하거나, 사물의 이동을 나타낼 경우에는 「から」를 사용한다.

車は単身赴任直前に主人{から/*に}渡されました。

テニス協会{から/*に}斎藤さんに記念メダルが贈られた。

■ 「描く」「書く」「建てる」「つくる」「掘る」등, "창조・생산" 의 의미를 갖는 동사는 「によって」를 사용한다.

この絵はピカソによって描かれました。

「となりのトトロ」は、宮崎駿(みやざきはやお)によって製作された。

2) 직접 접촉을 하지 않는 동작을 나타내는 타동사의 경우 「に」「から」둘 다 가능하다.
(話しかける、愛する、招待する 等)

見知らぬ人{に/から}話しかけられる。

「風と共に去りぬ」は、今でも多くの人{に/から}愛されています。

職場の先輩{に/から}結婚披露宴に招待されました。

3. 동작성이 없는 상태동사나 자동사는 (직접)수동문으로 나타낼 수 없다.

■ **상태동사** : あたる、ある、いる、合う、要る、(金が) かかる、聞こえる、切れる、見える、似合う、似る、要する

彼はお父さんに似ている。
→*お父さんは彼に似られている。

연습문제

1. 다음 동사를 수동형으로 바꾸시오.

사전형	수동형
1) 言う	
2) 押す	
3) 起きる	
4) 頼む	
5) 来る	

사전형	수동형
6) 待つ	
7) 呼ぶ	
8) 捨てる	
9) 食べる	
10) 放送する	

2. 다음 문장을 수동문으로 바꾸시오.

1) 父が妹を愛している。

→ 妹は父に＿＿＿＿＿＿＿＿＿＿＿＿＿＿＿＿＿＿＿＿。

2) 蛇が蛙を食べました。

→ 蛙は＿＿＿＿＿＿＿＿＿＿＿＿＿＿＿＿＿＿＿＿。

3) 警察はすりを捕まえた。

→ すりは＿＿＿＿＿＿＿＿＿＿＿＿＿＿＿＿＿＿＿＿。

4) 学生は先生を尊敬している。

→ 先生は＿＿＿＿＿＿＿＿＿＿＿＿＿＿＿＿＿＿＿＿。

5) テニス協会は父に記念メダルを贈る。

→ 記念メダルは＿＿＿＿＿＿＿＿＿＿＿＿＿＿＿＿＿＿＿＿。

6) 校長が学生に賞状や記念品を渡した。

→ 賞状や記念品は＿＿＿＿＿＿＿＿＿＿＿＿＿＿＿＿＿＿＿＿。

7)「土地」は、パクキョンニが書いた小説です。

→「土地」は、＿＿＿＿＿＿＿＿＿＿＿＿＿＿＿＿＿＿＿＿。

2 간접 수동문

- 수동문의 주어는 능동문에는 나타나지 않으며, 능동문이 나타내는 사태에 의해 수동문의 주어가 간접적으로 피해를 입은 경우에 사용한다.

1. 자동사의 경우

- 능동문

N2	が	する

- 수동문

N1	が	N2	に	される

昨日帰り道に雨が降った。
→ 昨日、(私は)帰り道に雨に降られた。

子供が死んだ。
→ 花子さんは子供に死なれて、とても悲しんでいる。

2. 타동사의 경우

- 능동문

N2	が	N3	を	する

- 수동문

N1	は	N2	に	N3	を	される

コーヒーショップで隣の客がタバコを吸った。
→ コーヒーショップで隣の客にタバコを吸われて、(私は)喉が痛くなった。

高野さんの家の隣に田中建設が高層ビルを建てた。
→ 高野さんは家の隣に田中建設によって高層ビルを建てられて、迷惑しています。

3 소유자 수동문

■ 능동문

N1	が	N2 の N3	を	する

↓

■ 수동문

N2 の N3	が	N1	に	される

↓

N2	は	N1	に	N3	を	される

1) N3은 N2의 소유물이나 신체의 일부분이다.

母が息子の頭をなでた。 → 息子の頭は母になでられた。 ⇒ 息子は母に頭をなでられた。

母が私の日記を読んだ。 → 私の日記は母に読まれた。 ⇒ (私は)母に日記を読まれた。

犬が私の手を噛みました。 → 私の手は犬に噛まれました。 ⇒ (私は)犬に手を噛まれました。

子供が私のカメラを壊した。 → 私のカメラは子供に壊された。 ⇒ (私は)子供にカメラを壊された。

2) 소유자 수동문은 주로 「피해」의 의미를 나타낸다.

橋本さんはすりにお金を盗まれました。

アイドルはカメラマンに写真を撮られた。

3) 동작을 받은 사람(피동작주)이 바라고 원했던 일은 수동표현을 사용하지 않고 「~てくれる/~てもらう」를 사용해서 나타낸다.

母が私のお弁当を作った。 → *私は母にお弁当を作られた。
⇒ 母が(私の)お弁当を作ってくれた。
⇒ 私は母にお弁当を作ってもらった。

お医者さんが(私の)病気を治した。 → *私はお医者さんに病気を治された。
⇒ お医者さんが(私の)病気を治してくれた。
⇒ 私はお医者さんに病気を治してもらった。

彼氏が(私の)プレゼントを買った。 → *私は彼氏にプレゼントを買われた。
⇒ 彼氏が(私の)プレゼントを買ってくれた。
⇒ 私は彼氏にプレゼントを買ってもらった。

연습문제

1. 다음 문장을 간접 수동문 또는 소유자 수동문으로 바꾸시오.

1) 蚊(か)が私の手を刺した。

→ 私は＿＿＿＿＿＿＿＿＿＿＿＿＿＿＿＿＿＿＿＿。

2) 弟が私のケーキを食べた。

→ 私は＿＿＿＿＿＿＿＿＿＿＿＿＿＿＿＿＿＿＿＿。

3) 赤ちゃんが泣いて眠れなかった。

→ 私は＿＿＿＿＿＿＿＿＿＿＿＿＿＿＿＿＿＿＿＿。

4) マラソン大会の途中で雨が降った。

→ 私は＿＿＿＿＿＿＿＿＿＿＿＿＿＿＿＿＿＿＿＿。

5) 明日テストあるのに友だちが来て困った。

→ 私は＿＿＿＿＿＿＿＿＿＿＿＿＿＿＿＿＿＿＿＿。

2. 다음 행위자가 누군지 써보십시오.

1) 私は大好きなケーキを妹に食べられた。

→ ケーキを食べた人 [　　　　　　　]

2) 年末の忙しい時に店員に休まれて、社長はとても困った。

→ 休んだ人 [　　　　　　　]

3) 私は毎日コンビニに通うので、店員さんに顔を覚えられた。

→ 顔を覚えられた人 [　　　　　　　]

종합연습문제

1．次の文の(　　　)に入れるのに最もよいものを、①・②・③・④ から一つ選びなさい。

1) 中学校の時、父に(　　　　　　　　)。

① 死んだ　② 死なれた　③ 死なせた　④ 死なせられた

2) 美由紀ちゃんは姉に(　　　　　　　　)、とても喜んでいる。

① 愛されてもらって　② 愛されてくれて　③ 愛してくれて　④ 愛されて

3) 私は友だちに弁当を(　　　　　　　　)、今日は何も食べてない。

① 食べて　② 食べられて　③ 食べされて　④ 食べてくれて

4) 彼女に何回も(　　　　　　　　)悔しくてたまらない。

① だまって　② だませられて　③ だまして　④ だまされて

5) 佐藤先生は生徒たち(　　　　　　　　)尊敬されている。

① に　② によって　③ で　④ を

6)「ノルウェイの森」は村上春樹(　　　　　　　　)書かれました。

① に　② から　③ によって　④ で

7) 昨日は傘を持たないで会社を出たが、帰りに雨に(　　　　　　　　)。

① 降られた　② 降らせた　③ 降った　④ 降らせられた

8) 吉田さんがみんなに感謝(　　　　　　　　)のは親切だからです。

① する　② させる　③ させられ　④ される

9) 感謝状が市長(　　　　　　　　)奥野さんに贈られることになった。

① で　② から　③ に　④ を

10) 鈴木先生は人(　　　　　　　　)頼まれると、いやと言えない性格です。

① に　② を　③ が　④ よって

2. 次の文の ___♥___ に入る最もよいものを、①・②・③・④ から一つ選びなさい。

1) 弟は ______ ______ ______ ___♥___。
① と　② 勉強しなさい　③ 言われました　④ 母に

2) 彼は先週 ______ ______ ___♥___ ______。
① コンピューターを　② 壊されました　③ 誰かに　④ 買ったが

3) せっかくの日曜日なので ______ ___♥___ ______ ______ 。
① ぐっすり　② 起こされました　③ 休もうとしたのに　④ 6時に

4) この機械で ______ ______ ___♥___ ______すごいでしょう。
① 2時間で　② 作られる　③ テレビが　④ なんて

5) 飛行機は1903年 ______ ______ ___♥___ ______されました。
① によって　② ライト兄弟　③ に　④ 発明

6) 石原(いしはら)さんは青信号で交差点を ______、 ___♥___ ______ ______ した。
① 車に　② ぶつけられて　③ 渡ったが　④ 怪我を

7) 取引先へ行く ______ ___♥___ ______ ______ びしょぬれになりました。
① 雨に降られ　② 大切な書類までが　③ 鞄の中の　④ 途中で

8) 先生に ______ ______ ___♥___ ______ 頼まれたんだけど、手伝ってくれないか。
① の　② コピー　③ を　④ この資料

9) アメリカ大陸は ______ ___♥___ ______ ______、どの歴史の本にも書いてあります。
① によって　② と　③ 発見された　④ コロンブス

10) 今朝電車の中で、ひどい目にあったんだよ。足を ___♥___ ______ ______ ______ しました。
① 踏まれたり　② 財布を　③ スリに　④ すられたり

사역

1. 사역형 ~(さ)せる
2. 사역형을 사용한 표현
3. 사역수동형 ~(さ)せられる

사역이란, 다른 사람에게 어떤 행위를 강제로 시키거나, 할 수 있도록 허가를 해주는 표현이다.

1 사역형 -(さ)せる

사역형 만들기

	접속형태	
Ⅰ류 동사	ない형 + せる	ex) いく → いかせる
Ⅱ류 동사	ない형 + させる	ex) たべる → たべさせる
Ⅲ류 동사	する → させる	
	くる → こさせる	

사역문의 종류

1. 자동사 사역문

N2	が	する

↓

N1	が／は	N2	に／を	させる

1) 「N2」에 사람이 올 경우

【次郎が行った。 → 太郎が次郎に/を行かせた。】

- 先生が教室の後ろに生徒を立たせた。 (← 教室の後ろに生徒が立つ)
- 最近の親は子供を外で遊ばせるより、塾(じゅく)に通わせている。 (← 子供が外で遊ぶ、塾に通う)
- 食事中、子供を行儀(ぎょうぎ)良く椅子に座らせるにはどうすればいいですか。 (← 子供が椅子に座る)

2) 「N2」에 사물 또는 자연적인 현상이 올 경우

- 「N2」에는 동작성이 있어야 가능하지만, 「N2」가 사물이나 자연적인 현상일 경우에는 스스로(자연적으로) 변화하는 성질이 있다면 가능하다.

【 ボールが転がった。→ 太郎はボールを転がらせた。】

おでんの大根に味を染み込ませるコツは何ですか。 (← 大根に味が染みる)

おじさんがビニールハウスできれいな花を咲かせた。 (← 花が咲く)

ゼリーを早く固まらせるには、冷蔵庫に入れるといい。(← ゼリーが固まる)

3) 「N1」에 추상적인 사항이 오는 경우

- 「N2」의 사태 실현이 「N1」의 원인에 의한 경우라면 가능하다.

日々のたゆまぬ努力が彼を成功させた。 (← 努力の結果彼は成功した)

かんばしくない売り上げがついに店を休業させた。(←かんばしくない売り上げのせいで店が休業した)

彼の惜しまないアドバイスとサポートが、今回のプロジェクトを完成させた。
(← アドバイスとサポートによってプロジェクトが完成した)

4) 「N2」가 취하는 격조사

- 「N2」+ を : 「N2」의 의사를 무시하고 「강제, 방임, 유발, 부주의」로 행위를 시킨 경우
- 「N2」+ に : 「N2」의 의사를 받아들여 「N1」이 그 행위를 「허용」한 경우
- 「감정동사」 또는 「N2」가 스스로의 의지에 의한 동작성이 없는 경우, 사물이나 자연현상에는 「N2」는 「を」만을 취한다.

父の無事帰宅が家族 {を/*に} 安心させた。

娘の小さなプレゼントが親 {を/*に} 喜ばせた。

あのマジシャンは目の前で手のひらのコイン {を/*に} 消えさせた。

감정동사 : 安心する　怒る　驚く　悲しむ　泣く　喜ぶ 등

- 단, 「감정동사」라도 「연극」과 같이 「N1」의 의도와 「N2」의 의지에 의해 그 행위가 성립한 경우라면 「に」를 취할 수 있다.

監督はそのシーンで女優に泣かせた。

2. 타동사 사역문

N2	が	N3	を	する

↓

N1	が/は	N2	に	N3	を	させる

1) 「N2」에는 사람

【 次郎が掃除をした。→ 太郎が次郎に掃除をさせた。】

いつも一緒にいられなくて君に寂しい思いをさせたね。 (← 君が寂しい思いをする)

出かける前、父は母にしっかり戸締(とじ)まりを確認させた。 (← 母が戸締まりを確認する)

未だに女子社員にお茶を入れさせる会社なんてありますか。 (← 女子社員がお茶を入れる)

2) 「N2」에 기계류가 올 경우 - 단, 사람이 기계조작을 할 경우

汚れた服は洗濯機に洗濯させればいいので心配ない。 (← 洗濯機が洗濯をする)

ややこしくて面倒な計算はパソコンにさせて、私たちは一休(ひとやす)みしよう。(← パソコンが計算をする)

料理に慣れてない人は炊飯器(すいはんき)にお米を炊かせるにもそれなりの工夫(くふう)が必要です。

(← 炊飯器がお米を炊く)

3) 「N2」가 취하는 격조사 : 「に」

お母さんはいつも朝起きたら娘に朝ご飯の支度をさせる。(← 娘が朝ご飯の支度をする)

お父さんは息子にバドミントンをやらせようとしたが、結局テニスのレッスンを受けさせた。

(← 息子がバドミントンをする)

→ 능동문에 이미 「を」 격조사가 등장하므로, 「N2」는 「に」 밖에 취할 수가 없다.

「사역형이 불가능한 동사가 있다?」

■ 동작성이 없는 상태 동사는 사역형이 불가능하다.

사역형이 불가능한 상태동사

ある　合う　言える　要る　(金が) かかる
聞こえる　切れる　似合う　似る　要する 등

政府は補聴器(ほちょうき)を無料で配り、耳の不自由な人に音がよく聞こえさせた。 (X)

→政府は補聴器を無料で配り、耳の不自由な人に音がよく聞こえるようにした。 (○)

■ 단, 「존재」를 나타내는 상태 동사「いる」는 사역형이 가능하다.

彼らを3時までいさせるにはどうすればいいか考えてみましょう。

연 습 문 제

1. 다음 괄호 안의 a와 b 중에서 바른 것을 고르세요.

1) 彼女の何気ない一言が彼の心 (a. に / b. を) 悲しませた。

2) 先生は私 (a. に / b. を) みんなの前で歌 (a. に / b. を) 歌わせた。

사역문의 의미

1. 강제

- 「N1」가「N2」의 의지와는 상관없이 억지로 어떤 등작을 하도록 시키는 경우이다.

人にお酒を無理に飲ませてはいけません。 (← 人がお酒を飲む)

母は降りたがらない子供を台の上から降りさせた。 (← 子供が降りる)

2. 허용

- 「N2」가 희망, 요청하는 것에 대해「N1」이 허락하여 사태가 성립하는 경우이다.

子供がスパゲッティを食べたがるので、さっき食べさせた。 (← 子供がスパゲッティを食べる)

音楽の勉強をしたがっていたので息子に音楽を専攻させた。 (← 息子が音楽を専攻する)

3. 방임

- 「N2」가 그 동작, 행위를 이미 시작했거나 시작하려는 것을「N1」이 못 본체하고 그대로 방치한 경우이다.
- 단, 허용과 방임의 구별은 선행 문장이 없으면 판단하기 어려운 경우도 있다.

母は子供を泣きたいだけ泣かせておいた。 (← 子供が泣く)

母は息子が公園で遊んでいたので、(息子を) そのまま遊ばせておいた。 (← 息子が遊ぶ)

4. 유발

- 「N1」은「N2」가 그 동작을 하도록 원인을 제공한 경우이다.

彼とのケンカが彼女をアメリカへ行かせるきっかけとなった。
(← 彼とケンカして彼女がアメリカへ行った)

何度も注意されたのにまた同じ失敗を繰り返し、親を怒らせてしまった。(←同じ失敗で親が怒った)

5. 부주의

- 사태의 성립에 대해「N1」이 자신의 탓이라고 책임을 느끼는 경우이다.

不注意で佐野さんに怪我をさせてしまった。 (← 佐野さんが怪我をした)

私の判断ミスで可愛い犬を死なせてしまいました。 (← 可愛い犬が死ぬ)

연 습 문 제

1. 아래의 질문에 답하시오.

少テストのため先生は生徒に本を閉じさせた。

1）生徒は何をしましたか。　(　　　　　　　　　　　　　　　　　　　　　)

部長は英語のできる鈴木さんをアメリカへ出張に行かせた。

2）誰がアメリカへ行きましたか。　(　　　　　　　　　　　　　　　　　　　　　)

2. 각 사역문의 의미를 적으시오.

1）消費税の引き上げ問題は国民を悩ませている。　(　　　　　)

2）父親は息子を一流大学に入れようと、一生懸命勉強させた。　(　　　　　)

3）先生は、喉が渇いたと言われて学生にジュースを飲ませた。　(　　　　　)

4）冷蔵庫に入れるのを忘れて新鮮だった果物を腐らせてしまった。　(　　　　　)

5）お父さんは子どもがテレビゲームをやっていたのに、そのままゲームをやらせている。
(　　　　　)

2 사역형을 사용한 표현

1. させてくれる ～하게 해주다 (상대방의 허락의 정도가 강함)

- 「N1(사역주체)」이 허락 또는 묵인해 준 것에 대해 「N2(동작주체, 주로 私·私の家族)」가 '감사' 하게 생각하는 경우이다.

【 彼 が 私 にパンを食べさせてくれた。 】
「N1」 「N2」

私はパンが食べたい。	
↓	⇐ 「N1」인 「彼」의 허락
彼が私にパンを食べさせた。	
↓	
彼が私にパンを食べさせてくれた。	⇐ 「私がパンを食べられたのは彼のおかげだ」と思う。

- やりたいようにやらせてくれたので、ストレスがたまらなかった。
- 魚屋のおじさんが私に旬(しゅん)の魚をリーズナブルに食べさせてくれた。

2. させてください

- 「N2」가 희망하는 것을 「N1」에게 정중하게 「~하게 해 달라고 요청」하는 표현이다.

【 私に一言(ひとこと)言わせてください。】

私は一言言いたい。	
↓	
(幹事(かんじ)さん、) 私に一言言わせてください。	⇐ 「N1」인 「幹事」에게 요청

- 今晩は、私にごちそうさせてください。
- すみませんが、暑いので、エアコンをつけさせてください。

3. させてもらう (본인의 바램이 상대방의 허락에 의한 경우)

- 「N2」가「N1」에게 부탁하여 허락을 받은 것에 대해「N2」입장에서 표현하는 경우로「N2」가 주어가 된다.
- 「させてもらう」는「する」의 정중 표현이다.

【 私はお酒を飲ませてもらった。】

私はお酒を飲んだ。

↓

親が私にお酒を飲ませた。 ⇚ 「N1」인「親」의 허락

↓

私は(親に)お酒を飲ませてもらった。

運転免許を取った初日(しょにち)に親の車を運転させてもらいました。(≒運転しました)

宴会中だったが、暑かったので上着を脱がせてもらった。　(≒脱ぎました)

- 「N1」이 마치 허락해서「N2」가 행동한 것처럼 표현하는 경우에도 사용한다.

これで失礼させてもらいます。　(≒これで失礼します。)

これから発表させてもらいたいと思います。　(≒これから発表したいと思います。)

この辺で終わらせてもらってもよろしいでしょうか。(≒この辺で終わってもよろしいでしょうか。)

연 습 문 제

1. 다음 괄호 안의 a와 b 중에서 바른 것을 고르세요.

1) 監督 : この前のラジオの件はどうなった？
田中 : 実は今日、監督のおかげでラジオの番組に出演
(a.させてくださいました / b.させてもらいました)。

2) 部長 : 日本への出張は誰がいいかな。
社員 : 部長、私を (a. 行かせてください / b. 行かせてもらいます)。

3 사역수동형 - (さ)せられる

■ 「사역」과「피해 수동」의 결합 형태로, 지시나 명령 등의 영향을 받아 마지못해 어쩔 수 없이 하는 행위이며 강제 또는 피해 의식을 나타낸다.

사역수동형 만들기

V 그룹	접속형태	
1 그룹	ない형 + せられる	ex) 行く → 行かせられる
	ない형 + される	ex) 行く → 行かされる
2 그룹	ない형 + させられる	ex) 食べる → 食べさせられる
3 그룹	する → させられる	
	くる → こさせられる	

사역수동문의 종류

1. 자동사 사역수동문

		N2	が/は	する	太郎が行く。

↓

N1	が/は	N2	を	させる	次郎が太郎を行かせる。

↓

N2	が/は	N1	に	させられる	太郎は次郎に［行かせられる。 行かされる

【 私は母にスーパーに行かせられた。(= 行かされた)】

私はスーパーに行った。
↓
母は私をスーパーに行かせた。
↓
私は母にスーパーに行かせられた。 ⇚ 私は「行きたくない」と思った。

- 彼は上司に日曜日まで働かせられた。 (= 働かされた)
- 昨日家から市役所まで歩かせられた。 (= 歩かされた)

2. 타동사 사역수동문

		N2	が	N3	を	する	太郎が除掃をする。
N1	が は	N2	に	N3	を	させる	次郎が太郎に掃除をさせる。
N2	が は	N1	に	N3	を	させられる	太郎は次郎に掃除をさせられる。

【 学生は先生に日記を書かせられた。(= 書かされた)】

学生は日記を書いた。
↓
先生は学生に日記を書かせた。
↓
学生は先生に日記を書かせられた。 ⇚ 学生は「書きたくない」と思った。

- 子供はいつも母にサラダを食べさせられる。
- 道ばたでインタビューをさせられて、学校に遅刻した。

■ 감정을 나타내는 동사는 사역수동형과 그 의미가 똑같다.

300人あまりの死者を出した船の事故のニュースにみんな驚かされた。
= 300人あまりの死者を出した船の事故のニュースにみんな驚いた。

せっかく高級レストランに行ったのに、そのつまらない料理にがっかりさせられた。
= せっかく高級レストランに行ったのに、そのつまらない料理にがっかりした。

■ 「사역수동표현」은 마이너스 의미를 가지므로 기쁜 감정을 나타내는 동사
「喜ぶ、楽しむ」등의 경우에는 사역수동형을 사용할 수 없다.

お祖父さんは孫の大学合格を喜んだ/*喜ばせられた。

연 습 문 제

1. 다음 괄호 안의 a와 b 중에서 바른 것을 고르세요.

1) 先輩：昨日、部活(ぶかつ)の新歓(しんかん)コンパに行ったでしょう。どうだった？
後輩：それがお酒ばっかり（ a. 飲ませて / b. 飲まされて ）大変でした。

2) 彼女：なによ！1時間も遅れて。
彼氏：（ a. 待たせて / b. 待たされて ）ごめん。道がすっごく込んでて。
彼女：もう～。（ a. 待たせる / b. 待たされる ）のはいやなんだからね。

「する」≠「させてもらう」≠「させられる」

■ 동일한 행위에 대해 어느 관점에서 표현 하느냐에 따라 표현 방법이 달라진다.

결과중시

私はソーセージを食べた。

행위의 결과만을 나타낼 때 사용

VS

화자의 희망

私はソーセージを食べさせてもらった。

「주어(私)」가 바라는 행위를 상대방이 허락한 경우

VS

강제로 행위한 경우

私はソーセージを食べさせられた。

「주어(私)」가 하기 싫은 것을 상대방이 시켜서 억지로 한 경우에 사용

연 습 문 제

1. 다음 예와 같이 괄호 안에 적당한 활용형태를 쓰시오.

	기본형		사역형		사역수동형		
예)	とる	➔	とらせる	➔	とらせられる	OR	とらされる
1)	たべる	➔		➔		OR	
2)	いく	➔		➔		OR	
3)	のむ	➔		➔		OR	
4)	する	➔		➔		OR	
5)	おきる	➔		➔		OR	
6)	くる	➔		➔		OR	
7)	やめる	➔		➔		OR	
8)	かく	➔		➔		OR	
9)	たてる	➔		➔		OR	
10)	やる	➔		➔		OR	

종합연습문제

1. 次の文の＿＿に入る最もよいものを、①・②・③・④から一つ選びなさい。

1) 早く帰りたいのに、12時まで＿＿＿＿。

① 飲む　② 飲まれた　③ 飲ませた　④ 飲まされた

2) 僕は学生時代、親の心を＿＿＿＿ものだ。

① 悩む　② 悩んだ　③ 悩まれた　④ 悩ませた

3) 今回、アメリカへの出張に私を＿＿＿＿＿＿。

① 行かせます　② 行かせませんか　③ 行かせてください　④ 行ってもらいます

4) 子供の将来のため、親は子＿＿海外に留学させることにした。

① が　② を　③ から　④ も

2. 次の文の中で間違っているものを①～④の中から選びなさい。

1) いつもご馳走①になってる②ばかりですまない③から、今回こそ私を④払わせてください。

2) それでは①、第150回直木賞受賞者を招いて②そのお話を聞こえて③もらいたい④と思います。

3) 夕べは約束があったのに夜遅くまで①残業させられた②ので、今日は早く帰って③ください④。

4) ボタンを押すだけで①自動掃除機が部屋を②掃除させられる③のでずいぶん手間が④省けた。

3. 次の下線のところと同じ意味の文を選びなさい。

1) 母は娘をダンス教室に通わせている。

① 母もダンス教室に通っている。
② 母はダンス教室を開いている。
③ 娘はダンス教室に行ってもらった。
④ 娘はダンスを習わせられている

2) 今日は体の調子が悪く、お先に帰らせてもらいたいです。

① 先に帰りたいです。
② 先に帰らせたいです。
③ 先に帰ってはいけません。
④ 先に帰えらせてもいいです。

3) 不景気が長引いて、うちの会社も厳しくなり、結局会社を辞めさせられました。

① 私は会社を辞めた。
② 私は会社を辞めさせた。
③ 私は会社を辞めてもらった。
④ 私は会社を辞めたいと思った。

4. 次の文の＿♥＿に入る最もよいものを、①・②・③・④から一つ選びなさい。

1) 私は毎日コピーを ＿＿＿ ＿＿＿ ＿＿＿ ＿♥＿ です。

① ばかり　② お茶を　③ 取らされたり　④ 入れさせられる

2) 教育の大切さを ＿＿＿ ＿♥＿ ＿＿＿ ＿＿＿ 、とても有意義だった。

① プログラムに　② つくづくと　③ 参加できて　④ 実感させる

3) いつもぐずぐずする ＿＿＿ ＿＿＿ ＿♥＿ ＿＿＿ やったほうが速いだろう。

① 僕が　② 君に　③ より　④ やらせる

수수표현

1. 물건의 수수표현
2. 행위의 수수표현

1 물건의 수수표현

あげる (남에게) 주다

■ 상대방에게 무언가를 줄 때, 주는 사람의 입장에서 사용하는 표현이다.

あげる

[N1] → [N2]

【 1인칭 → 2/3인칭 】
【 2인칭 → 3인칭 】
【 3인칭 → 3인칭 】

N1	が/は	N2	に	N3	を	あげる

- 日本のアニメに興味があるなら、このDVDをあげるよ。 【1인칭→2인칭】
- お中元(ちゅうげん)になると、私はいつも取引先においしいお茶をあげます。 【1인칭→3인칭】
- もしかしてあなたが森下さんに100本のバラをあげたんですか。 【2인칭→3인칭】
- 最近バレンタインデーに女性が同性に義理チョコをあげるのが流行(はや)っている。 【3인칭→3인칭】

■ 「가족」의 경우에는 「1인칭」 처럼 사용한다.

- 弟が君にもお土産にお菓子をあげましたか。 【3인칭(가족) → 2인칭】

■ 「さしあげる」는 손윗사람에게 사용하는 표현이다.

- 私は上司にふるさとの地酒(じざけ)をさしあげました。 【私 → 上司】
- 孫(まご)はおばあさんの誕生日のプレゼントに何をさしあげればいいですか。 【孫→ おばあさん】

「やる」vs「あげる」

■ 「동・식물」 혹은 「손아래사람」 에게는 「やる」 를 사용하지만, 최근에는 「あげる」 를 사용하기도 한다.

- 妹は、毎朝花に水を{やっています/あげています}。
- 子供にキャンディーを{やった/あげた}のは隣のおじいちゃんです。

くれる (남이 나에게) 주다

■ 상대방이 나에게 무언가를 줄 때 사용하는 동사, 상대방 입장에서 사용하는 표현으로, 화자가 감사하는 마음을 가진다.

くれる

[N1] [N2]

【 2인칭, 3인칭 → 1인칭 】

N1	が/は	私	に	N3	を	くれる

君が僕にくれた指輪だよ。 【2인칭 → 1인칭】

新年になると、祖父は私にお年玉をくれます。 【3인칭 → 1인칭】

■ 「가족」의 경우에는 「1인칭」처럼 사용한다.

うちの双子(ふたご)にペアルックをくれてありがとう。 【2인칭→ 3인칭(가족)】

日本旅行から帰ってきた遠藤(えんどう)さんが妹にお守りをくれました。 【3인칭→3인칭(가족)】

■ 단, 「의문, 추측, 확인」을 나타내는 경우 【3인칭 → 2인칭】 도 「くれる」를 사용할 수 있다.

本当に森さんが君にラブレターをくれたの？ (의문)

社長があなたに書類をくれたんでしょうか。 (추측, 확인)

マリーがお前にコンサートのチケットをくれたのかい。 (확인)

■ 「くださる」는 「くれる」의 정중한 표현이다.

隣のおばあちゃんがくださった漬物(つけもの)です。

卒業の時、川崎(かわさき)先生が娘に本をくださいました。

もらう 받다

■ 상대방에게 무언가를 받을 때, 받는 사람의 입장에서 사용하는 표현이다.

もらう

[N1] [N2]

【 1인칭 ← 2/3인칭 】
【 2인칭, 3인칭 ← 3인칭 】

N1	が/は	N2	に/から	N3	を	もらう

私はあなたに結婚指輪をもらうのが夢です。 【1인칭 ← 2인칭】

今、私が飼っているペットは、彼女にもらいました。 【1인칭 ← 3인칭】

奈々子(ななこ)ちゃんは好きなアイドルからサインをもらったそうよ。 【3인칭 ← 3인칭】

■ 【2인칭 ← 3인칭】은 주로「의문·가정·확인·추측」등의 의미를 나타내는 경우이다.

あなたは先輩に教科書をもらいましたか。 (의문)

もし、誕生日にプレゼントをもらうなら、何がいいですか。 (가정)

韓国旅行のお土産、鈴木さんからもらったでしょう? (확인)

■「물건 · 지식」의 이동은「に」대신에「から」를 사용하기도 한다.

今回のことは田村さん {に/から} アドバイスをもらいましょう。

ニュートンの本 {に/から} ヒントをもらってこの実験が成功できた。

■「학교 · 회사 · 단체」의 경우는「から」를 사용한다.

志望校{*に/から}合格通知をもらいました。

橋本さんはブサン市{*に/から}名誉(めいよ)市民称号(しょうごう)をもらいました。

■「いただく」는「もらう」의 겸양표현이다.

彼は国から感謝状をいただきました。

社長からボーナスをいただいて、とてもうれしいです。

「くれる」vs「もらう」

くれる

자발성이 강하다

상대방이 자발적으로 나에게 줄 때 사용하며 감사의 느낌이 강하다.

もらう

요구성이 강하다

화자가 상대방에게 요구하여 무언가를 취득하였을 때 주로 사용한다.

キムさんが結婚祝いにカップをくれた。 (キム → 私)

A：そのリンゴ、どうした？
B：山田君がくれたよ。だって今日、私の誕生日だもん。 (山田 → 私)

私は、会社からやっと休暇をもらった。 (私 ← 会社)

A：そのリンゴ、どうした？
B：もらったわ。だって鈴木君ちにたくさんあったんだもん。(私 ← 鈴木)

「君は私に本をもらった?」は「○」？「×」？

■ 제3자가 청자에게 물건을 준 경우, 다음 두 가지를 사용 할 수 있다.

これ、田中さんがくれたの？

これ、田中さんにもらったの？

■ 우리말「받다」는【2인칭 ← 1인칭】이 가능하지만, 일본어는 불가능하다.

君は私に本をもらったの？（ X ）→ 私が君に本をあげたの？（ O ）
너는 나한테서 책을 받았니? (한국어는 OK)

연 습 문 제

1. 다음 괄호 안의 a와 b 중에서 바른 것을 고르세요.

1) 先生から（ a. くれた / b. いただいた ）和菓子をめいに（ a. あげた / b. くれた ）。

2) 先輩の島村さんが（ a. くださった / b. いただいた ）お餞別(せんべつ)は今も大事に持っています。

3) 君が私に（ a. あげた / b. くれた ）お餅を山田さんに（ a. あげても / b. くれても ）いいですか。

2 행위의 수수표현

~てあげる ~해 주다

■ 상대방에게 동작・행위(이익・은혜)를 해 주는 표현이다.

Vてあげる

동작・행위를 행하는 사람 N1

동작・행위를 받는 사람 N2

【 1인칭 → 2/3인칭】
【 2인칭, 3인칭 → 3인칭】

N1	が/は	N2	に	N3	を	Vてあげる

- お正月、君にお雑煮(ぞうに)を作ってあげましたよね。 【1인칭→2인칭】
- 私が生徒に着物の着方を教えてあげました。 【1인칭→3인칭】
- 年末、安田(やすだ)さんが伊藤(いとう)さんにお歳暮を買ってあげたのは10年ぶりのことです。 【3인칭→3인칭】

N1	が/は	N2	の	N3	を	Vてあげる

- よかったら、私があなたの悩みを聞いてあげます。 【1인칭 → 2인칭】
- ひょっとしてあなたが松田(まつだ)さんのメガネを直してあげましたか。 【2인칭 → 3인칭】

N1	が/は	N2	を	Vてあげる

幼い頃から私は母を手伝ってあげました。 【1인칭 → 3인칭】

夜道(よみち)が危ないから、いつも彼は彼女を見送ってあげます。 【3인칭 → 3인칭】

■ 「가족」의 경우에는 「1인칭」 처럼 사용한다.

夕べ、あなたを家まで送ってあげたのはうちの兄です。 【3인칭(가족) → 2인칭】

■ 【2인칭 → 3인칭】 은 주로 「의문, 전문, 가정」 등의 의미를 나타내는 경우에 사용한다.

恋愛の時、君は彼女に何を買ってあげましたか。 (의문)

お前が彼の学費を払ってあげたそうだが、本当かい？ (전문)

あなたが子供たちを助けてあげると、世の中はもっと明るくなるでしょう。 (가정)

■ 「~てあげる」는 상대방에게 직접적으로 사용하면 실례가 되므로 겸양어 「お(ご)~する」 또는 「~ましょうか」 의 형태를 쓰는 것이 자연스럽다.

お客様、お荷物持ってさしあげますか。（ X ）→ お客様、お荷物お持ちしましょうか。（ ○ ）

部長、お鍋を作ってあげましょうか。（ X ）→ 部長、お鍋を作りましょうか。 （ ○ ）

「 ~てさしあげる」vs「 ~てくださる」

~てさしあげる

「~てさしあげる」는 「~てあげる」의 정중한 표현이며 「손윗사람」에게 드릴 때 사용한다.

~てくださる

「~てくださる」는 「~てくれる」의 정중한 표현이며 「손윗사람」에게 받았을 때 사용한다.

私は木村先生に和菓子を買ってさしあげました。

木村先生は、私の話をよく聞いてくださいます。

■ 손윗사람이라도 자신의 가족의 경우에는 사용하지 않는다.

誕生日祝(いわ)いに、母は私に車を買ってくれました。 （ ○ ）

誕生日祝いに、母は私に車を買ってくださった。 （ X ）

誕生日祝いに、私は母にブランド品を買ってあげました。 （ ○ ）

誕生日祝いに、私は母にブランド品を買ってさしあげました。 （ X ）

~てくれる ~해 주다

■ 상대방이 나(1인칭)에게 어떤 동작・행위(이익・은혜)를 해 줄 때 사용하는 표현이다.

Vてくれる

동작・행위를 행하는 사람
N1

私 (1인칭)

【 2인칭 → 1인칭 】
【 3인칭 → 1인칭, 2인칭 】

N1	が/は	私	に	N2	を	Vてくれる

- 君が彼のことを話してくれて本当に助かった。 【2인칭 → 1인칭】
- 大学が日本人チューターを紹介してくれました。 【3인칭 → 1인칭】
- 小笠原(おがさわら)さんがあなたに学校を案内してくれたの？ 【3인칭 → 2인칭】

N1	が/は	私(家族)	の	N2	を	Vてくれる

- 通りがかりの青年が母の荷物を持ってくれました。 【3인칭 → 가족】
- 海外旅行中、現地の警官が私の財布を拾ってくれて助かった覚えがある。 【3인칭→1인칭】

N1	が/は	私(家族)	を	Vてくれる

- 遠回りなのにわざわざ妹を家まで送ってくれてありがとう。 【2인칭 → 가족】
- 君が僕を誘ってくれたおかげで、田中さんの講演会に行けたんだよ。 【2인칭 → 1인칭】

■ 「가족」의 경우에는「1인칭」처럼 사용되나, 가족간의 수수표현에도 가능하다.

君がうちの両親に旅行の案内をしてくれたの?　【2인칭 → 3인칭(가족)】

お巡りさんが道に迷っていた妹に道を教えてくれた。　【3인칭 → 3인칭(가족)】

世話(せわ)好(ず)きのおばはいつも私の部屋を掃除してくれます。　【3인칭(가족) → 1인칭】

2、3日寝込んでいたら、母が私にお粥を作ってくれた。　【3인칭(가족) → 1인칭】

■ 단, 주로「의문 · 확인 · 추측」등의 의미를 나타내는 표현과 함께 사용될 때에는【3인칭 → 2인칭】도 사용할 수 있다.

去年のクリスマスに、彼はあなたに何を買ってくれましたか。　(의문)

優先席(ゆうせんせき)に座っていた少年が祖父の顔を見て、すぐ席を譲ってくれたと思った。　(확인)

早く帰って掃除をしておいたら、奥さんがお前を誉めてくれるかもしれないね。　(추측)

~てもらう ~해 받다

■ 상대방이 동작・행위(이익・은혜)를 해 주었을 때, 동작・행위를 받는 사람의 입장에서 사용하는 표현이다.

Vてもらう

동작・행위를 받는 사람 N1		동작・행위를 행하는 사람 N2
【 1인칭	←	2인칭, 3인칭】
【 2인칭, 3인칭	←	3인칭】

N1	が/は	N2	に	N3	を	Vてもらう

- バスの中で高校生に席を譲ってもらいました。 【1인칭 ← 3인칭】
- パーティーの後、後片付けを手伝ってもらって大変助かったわ。 【1인칭 ← 2인칭】
- 共働きの女性は実家の母に子供を育ててもらう場合が多い。 【3인칭 ← 3인칭】

■ 【2인칭 ← 3인칭】 은 주로 「의문·가정·확인·추측」 등의 의미를 나타내는 경우 사용한다.

- どうやってあなたは救急隊に助けてもらいましたか。 (의문)
- ちょっとずるいけど、やりたくないと思うことを彼にやってもらったら？ (가정)
- 素敵な写真。彼氏に撮影してもらったんでしょう。さすが人気のカメラマンだよね。 (추측)

■ 「送ってもらう」 「貸してもらう」 「教えてもらう」 등 물건이나 지식 등의 이동을 나타내는 경우에는 「から」로 표시하기도 한다.

- 私は山田さん{に/から}先生の電話番号を教えてもらいました。
- 金さんは日本語の先生{に/から}日本のマンガを貸してもらった。

■ 「Vていただく」는 「Vてもらう」의 정중한 표현이다.

私は中村先生に作文を見ていただきました。

彼女に何から何まで親切に説明していただきました。

「Vてもらう」의 해석

■ 「てもらう」는 「~해 받다」로 해석할 수 있으나 우리말로 직역하면 어색한 경우가 많다. 따라서 「Vてもらう」는 「Vてくれる」와 같이 해석하는 것이 자연스럽다.

私は林さんに歌を歌ってもらいました。 하야시씨가 나에게 노래를 불러 주었습니다.

私は林さんに手紙を書いてもらいました。 하야시씨가 나에게 편지를 써 주었습니다.

~てもらう	~てくれる
행위 그 자체에 초점	"화자의 감사"의 의미가 내포된 경우에 주로 사용

연 습 문 제

1. 다음 괄호 안의 a와 b 중에서 바른 것을 고르세요.

1) 私の誕生日とあってみんながパーティを（ a. 開いてあげた / b. 開いてくれた）。

2) 男 : ヘアースタイルが変わったな。
女 : うん、昨日、カリスマ美容師に（ a. 切ってくれた / b. 切ってもらった）わ。

3) 私は奈々子(ななこ)ちゃんに自転車を（ a. 貸してあげた / b. 貸してくれた)。

종합연습문제

1. 次の文の(　　　)に入れるのに最もよいものを、①・②・③・④ から一つ選びなさい。

1) 私は姉______服を買ってあげた。

① が　② を　③ で　④ に

2) 大学______奨学金をもらいました。

① で　② から　③ に　④ が

3) 鈴木さんは私の妹______人形をくれた。

① で　② が　③ に　④ か

4) 姉は私を映画につれて______くれました。

① 行った　② 行こう　③ 行って　④ 行くと

5) 私は鈴木さんにキムチの作り方を教え______。

① てくれました　② てあげました　③ くださった　④ あげた

6) 木村さんが私に日本語の辞書を貸して______。

① あげました　② くれました　③ もういました　④ さしあげました

7) 私の仕事が多くて困っていたら、林さんが手伝って______。

① あげました　② もらいました　③ くれました　④ さしあげました

8) 誰も代わりに行って______人がいないので、自分で行くしかない。

① あげる　② さしあげる　③ くれる　④ あげよう

9) 誰もどこで試合があるのか教えて______ので、昨日はずっと家にいた。

① あげなかった　② あげた　③ くれた　④ くれなかった

10) 鈴木さんは仕事_____手伝ってくれました。私も、鈴木さんが忙しいとき、手伝って_____ました。

① に、あげ　② を、もらい　③ に、やり　④ を、あげ

2. 次の文の＿＿♥＿＿に入る最もよいものを、①・②・③・④ から一つ選びなさい。

1) 私は姉に ＿＿＿＿ ＿＿＿＿ ＿＿♥＿＿ ＿＿＿＿ 。
① 服　② を　③ あげました　④ 買って

2) 花子さんは私の妹 ＿＿＿＿ ＿＿＿＿ ＿＿♥＿＿ ＿＿＿＿ 。
① を　② 人形　③ に　④ くれました

3) 毎朝犬に ＿＿＿＿ ＿＿♥＿＿ ＿＿＿＿ ＿＿＿＿ 担当です。
① やる　② のは　③ 私の　④ えさを

4) 日本にいる恋人に ＿＿＿＿ ＿＿♥＿＿ ＿＿＿＿ ＿＿＿＿ 。
① を　② 送って　③ 香水　④ あげました

5) 年末のボーナス ＿＿＿＿ ＿＿＿＿ ＿＿♥＿＿ ＿＿＿＿ 嬉しいです。
① を　② 20万円　③ とても　④ もらって

6) この前 ＿＿＿＿ ＿＿♥＿＿ ＿＿＿＿ ＿＿＿＿ とてもおいしかったです。
① お菓子　② 送って　③ は　④ もらった

7) 先日、 ＿＿＿＿ ＿＿＿＿ ＿＿♥＿＿ ＿＿＿＿ が壊れてしまいました。
① いただいた　② 部長　③ から　④ 時計

8) 中村さんは旅行に行くたびに、いつも ＿＿＿＿ ＿＿＿＿ ＿＿♥＿＿ ＿＿＿＿ 。
① くれる　② きて　③ お土産を　④ 買って

9) 中国を旅行した時、 ＿＿＿ ＿＿♥＿＿ ＿＿＿ ＿＿＿ だったが、中国語が上手だった。
① 案内して　② 人は　③ 韓国人　④ くれた

10) うちの子のカップラーメンに入れるお湯を ＿＿＿ ＿＿♥＿＿ ＿＿＿ ＿＿＿ ですか。
① あなた　② 人は　③ 沸かして　④ くれた

조동사

1 희망

たい

1. ~하고 싶다.

[접속형태 : が/を + 동사ます형 + たい]

■ 화자의 희망이나 욕구를 나타내며, 형용사와 동일한 활용을 한다.

毎日忙しいので、仕事を辞めたいです。

ゆっくり休みながら、コーヒーを飲みたいです。

実家の母が作ったお好み焼きが食べたいです。

2. ~하고 싶어 한다.

[접속형태 : を + 동사ます형 + たがる]

■ 제3자의 희망이나 욕구를 나타내며, Ⅰ류 동사와 동일한 활용을 한다.

息子は事実を知りたがっている。

母は昔からフランス語を習いたがっていた。

彼女はほっそりしているのにもかかわらず痩せたがっている。信じられない。

「(が)~たい」vs「(を)~たい」

■ 「(が)~たい」: 화자가 요구하는 구체적인 대상물에 중점

■ 「(を)~たい」: 화자가 의도하는 전체적인 동작에 중점

夕食の後は、冷たいビールが飲みたくなる。 [冷たいビール에 중점]

演奏が始まる前に水を飲んでおきたいです。 [水を飲んでおく에 중점]

■ 「(を)~たい」는「を」에 접속하는 명사가 동작대상이 아니거나,「を」에 접속하는 명사와 동사 사이에 다른 문 구성 요소가 들어 있는 경우에 사용한다.

公園をひとりで散歩したいです。

久しぶりの連休を家でゆっくりと休みたいです。

いい成績をとるために、前もってしっかり勉強しておきたい。

ほしい

1. ~갖고 싶다, 원한다

[접속형태 : 명사 + が + ほしい]

■ 화자의 '희망사항' 이나 '요구・의뢰・소유하고 싶은 대상' 에 접속하며, 형용사와 동일한 활용을 한다.

契約する前に見積書や資料がほしいです。

先生は、将来マイホームがほしいと思いませんか。

何でも代わりにやってくれるロボットがほしいですね。

2. ~해 주었으면 한다

[동사 : て형 + ほしい]

■ 상대방에게 뭔가를 부탁을 하거나, 상대방이 행동해 주기를 바랄 때 사용한다.

彼に携帯番号を教えてほしいと言われましたが、断りました。

今度のアメリカ出張、お前も一緒に行ってほしいんだけど。

夏休みの計画を立てて、ぜひそれを実践してほしいと先生に言われました。

~てほしい	~てもらう	~させる
행위 실현에 대한 화자의 바람	동작주의 행위 요구	동작주의 행위 강제

3. ~갖고 싶어 한다, 원한다

[접속형태 : 명사 + を + ほしがる]

■ 제3자의 희망사항이나 요구・의뢰・바램을 나타내며, Ⅰ류 동사같이 활용한다.

企業は創意性のある若者をほしがるだろう。

子供が本当にほしがっているのは、お母さんのやさしい言葉だよね。

小学生の娘がピアノをほしがっているので、買ってあげようと思っている。

4. ~하지 않기를 바란다

[동사 : ~ないでほしい]

■ 제 3자가 어떤 행동을 하지 않기를 바라는 경우에 사용하며,「~ないでください」보다는 좀 더 부드럽고 친근한 표현이다.

怪我したのを両親には知らせないでほしい。

もしかして君は「僕にもう二度と来ないでほしい」と思っているの。

ほしい分だけ食べてもいいですが、お皿に取ったものは残さないでほしい。

연 습 문 제

1. 밑줄 친 부분에 들어갈 적당한 말을 ①~④ 중에서 고르세요.

1) この暑さが終わり、早く秋が来____________。

① ほしい　② たい　③ てほしい　④ たがる

2) 若いうちにたくさんの経験____________積みたい。

① に　② を　③ も　④ は

3) 彼は村上春樹(むらかみはるき)の新しい小説を____________。

① 読もう　② 読みたい　③ 読みたがっている　④ 読んでほしい

4) ああ、寒くてたまらない。あたたかい牛乳が飲み____________なあ。

① ほしい　② たい　③ ほしがる　④ たがる

5) 好きなことをするのはかまわないけど、まわりの人にまで強く____________ほしいです。

① 誘う　② 誘って　③ 誘わない　④ 誘わないで

2 양태

ようだ・みたいだ ~인 것 같다, ~인 듯하다

- 감각, 경험 등 화자가 사태를 주관적으로 판단한 경우에 사용하며, 조동사「だ」와 같은 활용을 한다.

[명　사 : N + のようだ/みたいだ]

彼の発音はまるでアメリカ人(のよう/みたい)です。

[い형용사 : 기본형 + ようだ/みたいだ]

社長は今日、朝から機嫌が悪い(よう/みたい)ですね。

[な형용사 : ~だ → な + ようだ/みたいだ]

鈴木(すずき)さんは納豆が嫌い(なよう/みたい)ですね。

[동　사 : 기본형 + ようだ/みたいだ]

橋本(はしもと)さんは、どうやら風邪をひいた(よう/みたい)です。

さっきから玄関で音がするけど、誰か来ている(よう/みたい)です。

佐久間(さくま)さんはアメリカに1年住んでいても、英語がうまく話せない(よう/みたい)ですよ。

そうだ ~일 것 같다, ~인 듯하다

■ 외관적인 모습, 인상 등 시각적 정보를 토대로 한 추측일 경우에 사용한다.

[い형용사 : ~い → そうだ]

これは今月新しく出た小説ですが、なかなか面白そうです。

[な형용사 : ~だ → そうだ]

このホテルは、出張での長期滞在に便利そうです。

[동　사 : ます형 + そうだ]

隣の人の口臭がきつくて具合いが悪くなりそうです。

夏に始まった事務室の工事がもうすぐ終わりそうです。

「~そうだ」의 부정표현

■ 「동사ます형+そうだ」:「~そうもない, ~そうにない, ~そうにもない」

7時に約束をしているのに、仕事が終わりそうにないです。

せっかく料理を作ったのに、夫は食べそうもないですね。

■ 「な형용사+そうだ」:「~そうではない」
「い형용사+そうだ」:「~くなさそうだ」

彼は印象はいいですが、真面目そうではないですね。

今度の映画は面白くなさそうですね。

気晴らしで出かけようとしたが、天気がよくなさそうなのでやめました。
(いいは よい로 활용함)

「~そうだ」vs「~だろう」

- 「~そうだ」: 화자가 외관적인 모양을 근거로 추측할 때
- 「~だろう」: 화자가 생각하는 불확실한 미래에 대해 추측할 때

試験に合格しそうだ。 [가채점 해 본 결과]

試験に合格するだろう。 [지금까지 열심히 공부해 왔으므로]

彼は机を片付けているから、もう帰りそうだ。 [상대방의 동작에 의한 화자의 추측]

彼は7時になると帰るだろう。 [7시에 퇴근하는 습관 등에 의한 추측]

らしい ~인 것 같다, ~라고 하다, ~답다

- 객관적인 사실에 근거하여 내용에 대해 다른 사람에게 듣거나, 화자가 판단할 경우에 사용하며,「い형용사」와 같은 활용한다.

[명　사 : N + らしい]

噂によると、あの人はゴルフ選手らしいね。

[い형용사 : 기본형 + らしい]

先輩によると、あの先生の講義は難しいらしい。

[な형용사 : ~だ → らしい]

電子辞書は思ったより便利らしいです。

[동　사 : 기본형 + らしい]

彼は今の会社を辞めてアメリカへ留学するらしいよ。

彼は会社をやめて語学の勉強をするつもりだったけど、しばらくはやめないらしいよ。

접미사「らしい」

- 「~らしい」는 "명사"에 접속하여 명사가 가진 전형적인 성격을 나타내거나, 추구하는 이상적인 모습이나, 또는 그래야 하는 자세나 상황을 나타내며,「~답다」로 해석된다.

彼はとても男らしい。

あの子は本当に学生らしい。

最近、雨らしい雨が降っていないね。

「~ようだ / みたいだ」vs「そうだ」vs「らしい」

- 「~ようだ / みたいだ」: 화자의 주관적인 판단에 의한 추량
- 「~そうだ」: 화자의 시각적인 판단에 의한 추량
- 「~らしい」: 화자의 객관적인 정보에 의한 추량

彼はどうも結婚しているようだね。

彼女は今日、すごく疲れているみたいです。

このリンゴ、赤くて美味しそうです。

台風で風が強く、木が折れそうです。

お医者さんの話では薬を飲んでも治らないらしい。

ラジオを聞いたところによると関東地方で地震があったらしい。

3 전문(伝聞)

そうだ ~라고 한다, ~라더라

■ 화자가 들은 내용을 타인에게 그대로 전달할 때 사용한다.

[명　사 : N + だ + そうだ]

- ご飯とお味噌汁はおかわり自由だそうです。
- 山田(やまだ)さんの彼女は背が高くて美人だそうです。

[い형용사 : 기본형 + そうだ]

- 先週、新しくできたあのレストラン、とても高いそうです。
- 彼女は、長期休暇に入ったので、今はそんなに忙しくないそうです。

[な형용사 : 기본형 + そうだ]

- 松野(まつの)さんは辛いものが苦手なので、キムチが嫌いだそうです。
- 高橋さんの会社は色々問題があって、今とても大変だそうです。

[동　사 : 기본형 + そうだ]

- 彼は急用ができて、少し遅れて来るそうです。
- 先輩は、2年かけて勉強してきた試験に合格したそうです。

연 습 문 제

1. 밑줄 친 부분에 들어갈 적당한 말을 ①~④ 중에서 고르세요.

1) このケーキは本当においし＿＿＿＿＿＿ですね。

① らしい　② そう　③ みたい　④ よう

2) 空が曇っていますね。今にも雨が降り＿＿＿＿＿＿です。

① らしい　② よう　③ みたい　④ そう

3) 熱もあるし、頭も痛いし、風邪を＿＿＿＿＿＿みたいです。

① ひかない　② ふく　③ ひいた　④ ひく

4) ニュースによると、今朝大きい事故が＿＿＿＿＿＿そうです。

① いる　② あった　③ ある　④ ない

5) 今日は１日大雨だ＿＿＿＿＿＿だから、気をつけてくださいね。

① よう　② みたい　③ そう　④ らしい

6) 先生は今日元気がないですね。いつもの先生じゃない＿＿＿＿＿＿です。

① らしい　② みたい　③ そうだ　④ そう

7) 鈴木(すずき)さんの彼女はスタイルがよくて、まるでモデルの＿＿＿＿＿＿ですね。

① らしい　② よう　③ みたい　④ そう

8) 食べ過ぎるのは、体によくない＿＿＿＿＿＿です。

① らしい　② みたい　③ そうだ　④ そう

9) 山本さんに聞いたんだけど、明日ここに有名な歌手が＿＿＿＿＿＿よ。

① 来るらしい　② 来るみたい　③ 来るようだ　④ 来そうだ

4 가능성·확신

はずだ 아마 ~일 것이다, ~이겠지

■ 일반적인 지식이나 객관적인 근거에 의한 확신을 나타낸다.

[명　사 : N＋の＋はずだ]

斎藤(さいとう)さんの娘さんは13歳だから、中学生のはずだ。

[い형용사 : 기본형＋はずだ]

今日のご飯はコシヒカリで炊いたので、美味しいはずです。

[な형용사 : ～だ → な＋はずだ]

彼は学生時代、合唱部だったので歌は上手なはずです。

[동　사 : 기본형＋はずだ]

今は午後10時だから、田中さんはもう家に帰ったはずだ。

彼は昨日も飲みすぎたので、今日の飲み会ではそんなに飲めるはずがない。

弟は一昨日、財布をなくしたので今、お金があるはずがないです。

→「はずだ」의 부정은「はずが/は ない」(~일 리가 없다)이다.

にちがいない ~임에 틀림없다

■ 화자의 주관적인 생각이나 경험에 의한 확신을 나타낸다.

[명　사 : N＋にちがいない]

そんなに可愛いなら、その子が中島(なかじま)さんの妹にちがいない。

[い형용사 : 기본형＋にちがいない]

彼は、電話をしてもメールをしても返事がない。きっと忙しいにちがいない。

[な형용사 : ~だ → にちがいない]

あなたと一緒なら、ずっと幸せにちがいない。

[동　사 : 기본형 + にちがいない]

今度の試験、彼の実力なら合格するにちがいない。

かも ~지도 모른다

■ 「かもしれない」의 축약형, '그럴 가능성이 있다'에 대한 화자의 추측 표현이다.

[명사　:　N + かも]

これはかなり自分勝手な意見かも。

[い형용사 · 동사　:　기본형 + かも]

苦手な科目の試験勉強は、一日ではきついかも。

このまま雪が降り続けば、バスが止まってしまうから、帰りはかなり歩くかも。

[な형용사　:　~だ → かも]

いつも君のことを見ていたから、僕の視線に気づくのも当然かも。

かねない ~할지도 모른다, ~할 법도 하다

■ 사태실현을 단정하지 않고 가능성만을 제시한 표현이다.

[동사 : ます형 + かねない]

彼女は演技派(えんぎは)だから、それくらいはやりかねない。

適度なテニスは健康にいいと言われるが、やりすぎると体を壊しかねない。

最近のマスコミの過剰(かじょう)な報道(ほうどう)は、関係のない人まで傷つけることになりかねない。

연 습 문 제

1. 밑줄 친 부분에 들어갈 적당한 말을 ①~④ 중에서 고르세요.

1) 彼は借金に追われているので、うそを言い________。

① らしい　② かねない　③ わけだ　④ そうではない

2) 片想いだった彼に告白されたことは、きっとうれしかった________。

① かねない　② べきだ　③ かも　④ にちがいない

3) 中島さんは牛肉は食べないけど、寿司なら食べる________。

① ちがいない　② べきだ　③ かも　④ つもりだ

4) 社長は温泉旅行中なので、今家にいる________がないです。

① まま　② はず　③ そう　④ べき

5) 少し太ったせいか、半年前は履けた________のズボンが今はきつい。

① はず　② つもり　③ かも　④ まま

5 의무

なければならない ~하지 않으면 안된다, ~해야 한다

■ 어떤 행위가 의무이거나 반드시 해야 하는 것을 나타낸다.

[명　사 : N + で + なければならない]

このアンケートの対象は主婦でなければなりません。

[い형용사 : ~い → く + なければならない]

客に接する店員はやさしくなければならない。

[な형용사 : ~だ → で + なければならない]

私の妻になる人は、きれいでなければならない。

[동　사 : ない형 + なければならない]

この荷物は船便(ふなびん)で送らなければなりません。

べきだ 당연히 ~해야 한다

■ 어떤 행위가 의무이거나 반드시 해야 하는 것을 나타낸다.

■ 부정형은 「~べきではない」(당연히 ~해서는 안된다)

[명　사 : N + である + べきだ]

人間は誰でも自由であるべきだ。

[い형용사 : ~い → くある + べきだ]

先生は子供たちにやさしくあるべきだ。

[な형용사 : ~だ → である + べきだ]

サービス業の従事者(じゅうじしゃ)は親切であるべきだ。

[동　사 : 기본형 + べきだ]

大学生なら熱心に勉強{する / す}べきだ。

お世話になった気持はちゃんと伝えるべきです。

→ Ⅲ류 동사「~する」는 「するべきだ・すべきだ」둘 다 가능함.

「~べきだ」vs「~なければならない」

- 「~べきだ」: 일반적인 상식에 의한 의무
- 「~なければならない」: 정해진 규칙이나 약속에 의한 의무

若い人はお年よりに席を譲るべきだ。

財布を拾ったら、警察に届けるべきです。

明日は空港に9時までに到着しなければならない。

今週までに歴史の授業のレポートを出さなければならない。

연습문제

1. 밑줄 친 부분에 들어갈 적당한 말을 ①~④ 중에서 고르세요.

1) あした、家賃を払わ＿＿＿＿＿＿。

① らしい　② べきだ　③ わけだ　④ なければならない

2) 電車の中で、大声で電話する＿＿＿＿＿ではないです。

① らしい　② べき　③ そう　④ なければならない

3) 親が生きているうちにもっと親孝行(おやこうこう)する＿＿＿＿＿だった。

① そう　② べき　③ わけ　④ なければならない

4) 私は一人暮らしですから、料理と家事など自分でし＿＿＿＿＿。

① らしい　② べき　③ わけ　④ なければならない

6 금지

てはいけない

[동사 : て형 + てはいけない]　~해서는 안된다

1) 상대방의 동작 · 행동에 대한 금지뿐만 아니라, '바람직하지 않다'는 것에 대한 화자의 주관적인 판단이다.

人は見かけだけで判断してはいけないことが分かりました。

このアパートでは、犬を飼ってはいけないことになっています。

サービス業の一員として何よりも忘れてはいけないのは、笑顔(えがお)です。

旅行先では観光案内所に行って、現地の治安情報など行ってはいけない場所について聞くのもいいです。

2) 손윗사람에게는 '바램'(「~ないでください」)이나 '제안'(「~ないほうがいい」) 등으로 표현하는 것이 자연스럽다.

お祖母さん、道端に車を {*止めてはいけないです / 止めないほうがいいです}。

お父さん、建物の前ではタバコを {*吸ってはいけないですよ / 吸わないでください}。

てはならない

[동사 : て형 + てはならない] ~하면 안된다

■ 의무감 · 책임감으로부터 당연 금지되어야 할 사항에 사용한다.

表現の自由を侵害してはならない。

卒業を一年延ばしてもこの機会を逃してはならないと思った。

どんな場合でも、自分の信念を曲げることがあってはならない。

人はそれほど簡単に変われないという事実を忘れてはならない。

「~て(は)いけない」 vs 「~て(は)ならない」

学校を欠席してはいけない。	→ 결석이 잦은 학생에 대한 교사의 훈시
学校を欠席してはならない。	→ 학교 규칙
ここに車を止めてはいけない。	→ 집앞 공사 때문에 하루 정도 금지인 경우
ここに車を止めてはならない。	→ 거주자 우선 주차 구역인 경우

~てはいけない

동작 · 행동에 대한 금지
➔ 개인의 행동
(주관적)

~てはならない

동작 · 행동에 대한 금지
➔ 일반적으로 금지되어야 할 행동
(객관적)

연 습 문 제

1. 밑줄 친 부분 중에서 바르지 않은 것을 고르시오.

1) お祖父さん、いくら(①)健康のためだ(②)と言っても雨の日(③)は走ってはならない(④)です。

2) 個人(①)情報なので、本当は書くては(②)いけないんですが、身長も体重(③)も秘密にします(④)のでご安心ください。

2. 밑줄 친 부분에 들어갈 적당한 말을 ①~④ 중에서 고르시오.

1) 「何事(なにごと)も、緊張し＿＿＿＿＿＿、失敗し＿＿＿＿＿＿」といつも強く思いますが。

① てみる ② てほしい ③ ないでならない ④ てはいけない

2) 二度と戦争を＿＿＿＿＿＿ならないという気持ちを一人ひとりが実感することができた。

① 起しては ② 起しても ③ 起さない ④ 起し

7 설명

のだ(んだ)

[명　사 : N + なのだ　　　]
[い형용사 : ～い → 기본형 + のだ]
[な형용사 : ～だ → ーだ + なのだ]
[동　사 : 기본형 + のだ　　]

1. 설명 · 이유 · 강조 · 부드러운 표현

昼(ひる) 2時間ぐらい停電した。電力を使いすぎたんだ。 (이유)

学生：私、休み中に20冊読むって決めたんです。
先生：20冊も? あんたは、かりにも受験生なんだよ。 (강조)

お客：(事務室を訪ねて)すみません。山下さんいらっしゃいますか。
職員：あ、今、いないんです。すみません。 (부드러운 표현)

兄：自分の幸せが何か分からない人間が、人を幸せにできると思うか?
　分からないなら、まずそのことから先に考えなさい。
妹：分かりました。なんか宿題みたい。
兄：人生は宿題なんだ。 (설명)

2. 예고 · 전제

■ 지금부터 이야기할 사항에 대한 예고 또는 전제를 나타낸다.

池田：阿部(あべ)君、ちょっと話があるんだけど、今、時間ある。

加藤：あのう、この前、借りた雑誌なんだけど、ちょっと表紙が破れちゃって。
伊藤：あ、大丈夫です。気にしないで下さい。

3. 환원

■ 결국(다시 말하면)~인 것이다.

このサイトは旅行の情報や経験、ノウハウなどを提供している旅行者の知恵袋(ちえぶくろ)なのだ。

A：斎藤さんは日本人の父とは日本語で、韓国人の母とは韓国語で話すそうです。
B：え、すごいですね。じゃ、斎藤さんはバイリンガルなんだね。

「のだ」vs「わけだ」

- 「のだ」 ➔ 나중에 알게 된 사항에 대한 사실의 파악 (~했구나 / ~이구나)
- 「わけだ」 ➔ 추론의 결과 (~했다는 말이구나 / ~란 말이구나)

渡辺：買い物に行って来たの。
鈴木：うん。さて、出かける時、1万円あったのに財布を見たら3千円しかなかったよ。
あ～あ、お小遣いもないのに7千円も使ってしまったんだ。
→ 7천엔이나 써 버렸어.

鈴木：出かける時、1万円あったのに財布を見たら3千円しかなかったよ。
渡辺：え～。今日結局、7千円も使ってしまったわけだね。
→ 7천엔이나 써 버렸다는 말이구나

A：松本くんがTOEIC 990とったんだって。
B：え～。松本(まつもと)君は、英語がうまいんだ。
→ 잘 하는구나.

(10年ぐらいアメリカに住んだと聞いて) じゃ、松本君は英語がうまいわけだ。
→ 잘 하겠구나.

연습문제

1. 밑줄 친 부분과 같은 의미 기능의 표현을 ①~④ 중에서 고르세요.

怪我とあざができた。道で転んだんだ。

① ちょっと広い風呂場だと、寒いのだ。
② バスに乗り遅れた。朝寝坊したんだ。
③ カーナビはついているんだ。でも、GPS機能はまだだ。
④ 会社や大学でトイレにこもって一人で食事をする人がいたのだ。

2. 밑줄 친 부분에 들어갈 적당한 말을 ①~④ 중에서 고르세요.

1) 昨日はジムを休んだ。お腹が痛かった__________。

① わけだ　② ものだ　③ ことだ　④ んだ

2) A：新しくできた高速道路で来たら１時間しかかからなかったよ。
B：あ～、それで予想より早く着いた__________ね。

① わけだ　② ものだ　③ ことだ　④ はずだ

8 의지

つもりだ

1. ～할 생각(작정)이다.

[동사 : 기본형 + つもりだ]

■ 말하는 사람의 의지나 장래에 대한 예정 및 계획을 나타낸다.

結婚しても仕事は辞めないつもりですか。

空港に行って、ユミちゃんを迎えるつもりだよね。

高校を卒業した後は、短大に進学するつもりです。

もし雨が降るなら、デパートには行かないつもりです。

2. ～한 셈치고, ～하다고 생각하고

■ 화제 대상의 의도(생각)와 실제 행동 · 사실이 다른 경우에 사용한다.

[명　사 : N + の + つもりだ]

佐藤さんはきれいなドレスを着て、お姫さまのつもりだよ。

[い형용사 : 기본형 + つもりだ]

自分では正しいつもりでしたが、答えが間違っていたのでがっかりした。

[な형용사 : ～だ → な + つもりだ]

父は元気なつもりでいるけれど、やはり年(とし)だなあ。

[동　사 : ～た형 + つもりだ]

娘：ああ、ラーメン食べたいな。
母：食べたつもりで、がまんしなさい。ダイエット中でしょう。

つもりはない ~할 생각은 없다

[동사 : 기본형 + つもりはない]

■ 말하는 사람의 강한 의지를 나타낸다.

二度とこんなことをやるつもりはありません。

私は、自分との約束を取り消すつもりはありません。

あんたたちがやっていることを無駄(むだ)だと言うつもりは、まったくない。

彼の結婚についてどうのこうの言うつもりなど私には全然ありませんでした。

「つもり」vs「予定」

山本：えー、日本に来てどのぐらいになりますか。
中村：11カ月を過ぎたところです。あと、1か月で帰国する予定です。

鈴木：授業のあと何する?
高橋：これといった予定は入っていないんだけど、ちょっと本屋に寄ってみるつもり。

田中：もうすぐ冬休みですね。どこか旅行でも行きますか。
渡辺：いいえ。冬休みは、アルバイトと老人ホームでボランティアをするつもりです。

つもり

말하는 사람의 의지나 장래에 대한 예정 및 계획
→ 확정되지 않은 사항에 대한 표현

予定

말하는 사람의 의지나 장래에 대한 예정 및 계획
→ 확정적인 사항에 대한 표현

(よ)うとする ~하려고 하다
(よ)うとしている ~하려고 하고 있다

[동　　사 : 의지형 + と + する/ している]
[1그룹 동사 : ~ウ단 → オ단 + うとする/ している]
[2그룹 동사 : ~イ·エ단 + る → ーる + ようとする/ している]
[3그룹 동사 : する → しようとする/ している]
　　　　　　くる → こようとする / している]

1. 의지 · 결의

■ 말하는 사람의 의지 · 결의를 나타내며, 구체적인 동작 · 행위에 초점이 있다.

電車もあるのに、どうしてみんながバスを使おうとするのか不思議でした。

世の中には何ごとも積極的に進んで実行しようとする人がたくさんいます。

2. 직전 상태

■ 변화나 시작의 직전 상태를 나타낸다.

4年間かかった調査が、まもなく終わろうとしている。

会議が始まろうとしている時、携帯電話が鳴った。

どうも遅くなりました。学校を出ようとしたとき、校長に呼ばれたんです。

연습문제

1. 밑줄 친 부분과 같은 의미 기능의 표현을 ①~④ 중에서 고르시오.

最善を尽くしたつもりだったんですが。

① 先生に相談してみるつもりですが。
② 本気で別れるつもりはなかったのに別れてしまった。
③ こちらからお願いしてまで話を聞いてもらうつもりはない。
④ すっかり大人になったつもりで、何でも分かったような顔をしていた。

2. 밑줄 친 부분 중에서 바르지 않은 것을 골라, 바르게 고치시오.

彼女(①)は映画を見ながら(②)流れる涙(③)を拭くよう(④)としなかった。

3. 밑줄 친 부분에 들어갈 적당한 말을 ①~④ 중에서 고르세요.

私なりに頑張ってる＿＿＿＿です。

① この　② もの　③ つもり　④ 予定

9 명령

なさい ～하시오, ～하거라

[1그룹 동사 : ～ウ단 → イ단 + なさい]
[2그룹 동사 : ～イ·エ단 + る → ―る + なさい]
[3그룹 동사 : する → しなさい]
くる → きなさい]

■ 정중하고 부드럽게 말하는 명령 표현으로 부모가 자식에게도 사용한다.

話を最後まで聞きなさい。

あまり遅くまでお邪魔していたら、迷惑になることもあるだろうから気をつけなさい。

祖父：全部、食べなさい。昔は食べるものがなくて、毎日水ばかり飲んでいたんだ。
息子：その話はもう耳にたこができるほど聞いたよ。

■ 「~なさい」를 「~な」만으로 표현하면 훨씬 부드러운 표현이 된다.

そろそろ結婚しな。

今を精一杯(せいいっぱい)努力して過ごしな。

しろ ~해라

[1그룹 동사 : ~ウ단 → エ단]
[2그룹 동사 : ~イ·エ단 + る → ーる + ろ]
[3그룹 동사 : する → しろ]
くる → こい]

1. 강한 명령

■ 전형적인 명령 표현으로 남성이 쓰며, 주로 군대용어나 급박한 경우 사용한다.

(赤信号を見ないで横断歩道を渡ろうとする人に) 気をつけろ。

2. 권유

■ 일반적으로 「よ」와 접속하여 친한 사이에서 주로 남자들이 권유할 때 사용한다.

(友だち同士で) よかったら、週末うちに来いよ。彼女も来るから。

妻：今日はひさしぶりに友達と晩ご飯を食べてくるね。
夫：分かった。10時過ぎるようなら、電話しろよ。迎えに行くから。

3. 간접화법

■ 다른 사람의 말을 전달할 때 사용한다.

母は弟にいつも使ったものは片付けろと言います。

「~て」 vs 「~てください」 vs 「~なさい」 vs 「~しろ」

「~て」 · 「~てください」 · 「~なさい」 · 「~しろ」
弱 ← 명령의 강도 → 强

もう少しゆっくり言って。 → 말해줄래 : 직접적이면서 친근한 표현
もう少しゆっくり言ってください。 → 말해주세요 : 직접적이지만 정중한 표현
もう少しゆっくり言いなさい。 → 말해라 : 정중하고 부드러운 명령
もう少しゆっくり言え。 → 말해 : 강한 명령

연습문제

1. 밑줄 친 부분 ①~④ 중에서 바르지 않은 것을 골라 바르게 고치시오.

自分(①)が好きな物ばかり(②)食べないで(③)、何でも食べるなさい(④)。

2. 밑줄 친 부분에 들어갈 적당한 말을 ①~④ 중에서 고르세요.

1) ゲームは目に悪いから＿＿＿な。

① やめ　② やめて　③ やめた　④ やめる

2) 火事だ。安全な場所へ＿＿＿。

① 逃げる　② 逃げろ　③ 逃げれ　④ 逃げるな

3) 先輩に「掃除＿＿＿＿＿」って言われると逆にやる気がなくなりますよね。

① する　② した　③ しろ　④ するな

4) 自分で散らかしたんだから、自分で＿＿＿＿＿。

① 片付けなさい　② 片付けるな　③ 片付けちゃダメ　④ 片付けれ

10 추측·확인·기분의 강조

だろう/でしょう

[명　　　　사 : N + だろう/でしょう]
[い형용사 · 동사 : 기본형 + だろう/でしょう]
[な 형 용 사 : ~だ → だろう/でしょう]

1. 추측 〈~일거야, ~이겠죠〉

- 自分自身が変わらない限り、今後も何ひとつ変化は起きないでしょう。
- （面接に控えて）
  佐藤：ここまで来たらなんとかなるだろう。
  加藤：うん。今まで頑張ったから、きっと合格すると思うよ。
- A: 金さんは来週パーティーに来るかな。
  B: まあ、来るでしょう。

2. 동의요구 · 확인 〈 ~일까요? ~이죠, 그렇죠?, ~하지, 그렇지?〉

2.1 동의요구

- 清水：明日、クラス会があるでしょう。宮崎（みやざき）さんは出席しますか。
  宮崎：ええ、行きます。一緒に行きましょうよ。
- 木村：このセーター、妹が編んでくれたんです。いい色でしょう。
  林　：本当にきれいですね。

2.2 확인

- （病院で検査を受けた後）先生、大丈夫でしょうか。
- 思春期で迷っている学生にどんな言葉をかければいいだろうか。

3. 상대방을 배려해서 걱정하거나 할 때 〈~이었죠? / ~했었지!〉

[い형용사 · 동사 : ~た형 + だろう/でしょう]

夫：ただいま。
妻：お帰りなさい。外は寒かったでしょう。

(受験の失敗でがっかりしている娘を抱きしめながら)
つらかっただろう。だけど、これくらいの失敗はたいしたことではないんだよ。元気出して。

4. 감정의 강조 〈정말~하다〉

■ 강한 느낌 · 감격 등 감정을 넣어서 말할 때 사용되며, 주로「いかに · どんなに · なんて · なんと」등과 함께 사용된다.

赤ちゃんってなんてかわいいでしょう。

新しい芽が出る新緑とは、なんと美しいんだろう。

(日の出を見て) ああ、なんときれいな日の出なんだろう。

연 습 문 제

1. 밑줄 친 부분과 같은 의미 기능의 표현을 ①~④ 중에서 고르세요.

このサングラス、私に似合うでしょう。

① 浮気されるのって、なんて悲惨なことなんだろう。
② 彼女にもらったんだ。かわいい人形だろう。
③ エジプトのピラミッドはどうやって作られたのだろう。
④ 今日大変だったでしょう。

2. 밑줄 친 부분 ①~④ 중에서 바르지 않은 것을 고르세요.

もし彼女が生きて(①)いてこれを見たとすれば(②)、どんなに幸せだだろうか(③)、と思った(④)。

3. 밑줄 친 부분에 들어갈 적당한 말을 ①~④ 중에서 고르세요.

鈴木さんは、なんて英語が＿＿＿んだろう。うらやましいな。

① 上手　② 上手の　③ 上手な　④ 上手だ

종합연습문제

1. 次の文の(　　　)に入れるのに最もよいものを、①・②・③・④ から一つ選びなさい。

1) 彼女は甘い物が嫌いな__________です。

① らしい　② よう　③ べき　④ そう

2) ソウルは夜でも昼間の__________明るいところです。

① よう　② ようだ　③ みたな　④ ように

3) こんな時間にかかってくる電話なら、夫__________。

① べきだ　② のだろう　③ にちがいない　④ のつもりだ

4) 私はゆうべ、飲みすぎたせいか気分が悪くて__________。

① 吐くらしかった　② 吐くといった　③ 吐きそうだった　④ 吐くそうだった

5) 地球温暖化でまだ春なのに、真夏__________暑いです。

① らしい　② ように　③ みたいに　④ そうに

6) 妻は子供達のために二段ベッドが__________と言い出した。

① ほしい　② たい　③ てほしい　④ 買いたがる

7) まだ11月なのに天気予報によると、仙台(せんだい)は明日雪が__________。

① 降るそうです　② 降りそうです　③ 降るはずだ　④ 降るみたい

8) ルームメートの亜希子(あきこ)さんは朝帰るといったので、今は留守の__________。

① らしいです　② はずです　③ そうです　④ みたいです

9) あのレストラン、うわさによると見た目はかなり素敵で料理も美味しい________が、ちょっと高いと思う。

① らしい　② みたい　③ ようだ　④ そうだ

10) 自宅ではＩＰ電話のみ利用し_______のですが、どこと契約するのが一番やすいですか。

① ほしい　② たい　③ ないでほしい　④ たがる

11) おれは、はっきりした女が好きな(　　　)。

① わけだ　② ものだ　③ ことだ　④ のだ

12) 彼はよほどこの画家が気に入っていた(　　　)。

① かねない　② かも　③ もの　④ こと

13) 次のかっこには、聞き取った英語を書き(　　　)。

① ませんか　② なさい　③ て　④ ろ

14) 次の委員会は来週の月曜日に行われる(　　　)です。

① つもり　② 予定　③ 考え　④ 思い

15) これだけは話したくなかった(　　　)けど、ずっと前から怖いものが二つあるの。

① んだ　② ものだ　③ わけだ　④ ようだ

16) 自分の好きな話題ばかり一方的に提供して、人の意見や情報を無視（　　　）。

① するべきだ　② してはいけない　③ するかもしれない　④ しなければならない

17) 詳しく状況を話さず結論を言うと誤解を招くことにも(　　　)ので、ここでは触れません。

① なりづらくない　② なりがたくない　③ なりにくくない　④ なりかねない

2. 次の文の＿＿♥＿＿に入る最もよいものを、①・②・③・④ から一つ選びなさい。

1) 今日は＿＿♥＿＿ ＿＿＿＿ ＿＿＿＿ ＿＿＿＿みたんです。
① 実家の母が　② 食べたがるので　③ 作って　④ お好み焼きを

2) 彼は少しも休まず、＿＿＿＿ ＿＿♥＿＿ ＿＿＿＿ ＿＿＿＿。
① 勉強したので　② 一所懸命　③ 試験に　④ 合格するにちがいない

3) 今の携帯電話を5年も＿＿＿＿ ＿＿♥＿＿ ＿＿＿＿ ＿＿＿＿。
① 使っているので　② 新しい　③ ほしい　④ 携帯電話が

4) 今回採用する＿＿＿＿ ＿＿＿＿ ＿＿＿＿ ＿＿♥＿＿なりません。
① 会社に　② 履歴書は　③ 提出する　④ 手書きでなければ

5) 毎日カラオケに行く＿＿♥＿＿ ＿＿＿＿ ＿＿＿＿ ＿＿＿＿です。
① 本当に　② 歌が　③ なんて　④ 好きなよう

6) ニュースを見ていたら、＿＿＿＿ ＿＿＿＿ ＿＿♥＿＿ ＿＿＿＿。
① この事件で　② 犯人が　③ 外国人だったらしい　④ 狙ったのは

7) いくら意見が違うとはいえ、＿＿＿＿ ＿＿＿＿ ＿＿♥＿＿ ＿＿＿＿。
① 相手に　② 自分の価値観を　③ べきではない　④ 押し付ける

8) お酒が大好きだった彼がコーラを＿＿＿＿、＿＿♥＿＿ ＿＿＿＿ ＿＿＿＿。
① きっと　② お酒を飲まない　③ 注文したのは　④ ことにしたにちがいない

9) ちょっと見えずらいかもしれませんが、＿＿＿＿ ＿＿♥＿＿ ＿＿＿＿ ＿＿＿＿。
① なものが　② 水滴みたい　③ 人差し指の先端に　④ 付いてます

10) 社員が毎日遅くまで苦労していたのは、＿＿＿＿ ＿＿♥＿＿ ＿＿＿＿ ＿＿＿＿。
① 獲得する　② ためのはずだった　③ きっと　④ 価値のあるものを

11) 好き ______ ______ ______ ___♥___ なさい。

① なら　② てあげ　③ 信じ　④ 彼を

12) ______ ___♥___ ______ ______ はありません。

① 邪魔　② つもり　③ をする　④ あなたの

13) お前はいったい何を ______ ___♥___ ______ ______ ろ。

① のか　② 答え　③ し　④ ようとしている

14) この町は ___♥___ ______ ______ ______ は迷いかねない。

① 初めての　② 複雑　③ 人　④ だから

15) 今の不景気にチャンスがあった ______ ______ ______ ___♥___ 。

① ラッキーだった　② べきかも　③ という　④ だけでも

16) この仕事、本当に ______ ______ ___♥___ ______ という不安もたくさんあります。

① いける　② 続けて　③ のだろうか　④ やって

17) お母さん、これから ______ ______ ______ ___♥___んだけど、何か持って行くものある?

① の　② お祖父さん　③ に行く　④ お見舞い

경어표현

1. 존경어
2. 겸양어
3. 미화어

경어란, 말하는 사람이 상대방이나 타인에 대하여 경의를 표현하고자 하는 말을 뜻한다. 일본어의 경어에는「존경어」「겸양어」「정중어」「미화어」가 있다.

한국어	일본어
절대경어 : 상대방이 화자보다 손윗사람이면 절대적으로 높인다.	상대경어 : 상대방이 손윗사람이더라도「ウチ(내 쪽)」와「ソト(타인 쪽)」의 관계에 따라 변화한다.
예) 밖에서 장인어른이 기다리십니다. ▸ 장인어른이 누구의 장인어른인지 확실치 않다.	예) ① 外で父が待っております。 ② 外でお父様がお待ちです。 ▸ ①은 화자 자신의 아버지 (겸양어 사용) ▸ ②는 상대방(타인)의 아버지 (존경어 사용)

1 존경어

■ 말하는 사람이 상대방이나 타인을 높여 경의를 표현하고자 하는 말이다.

존경동사

■ 동사 자체가 존경어 의미를 지니고 있는 동사를 "존경동사" 라고 한다.

보통어		존경동사
行く	가다	いらっしゃる、おいでになる
来る	오다	
いる	있다	いらっしゃる
する	하다	なさる
言う	말하다	おっしゃる
食べる	먹다	めしあがる
見る	보다	ご覧(らん)になる
寝る	자다	お休(やす)みになる
くれる	남이 나에게 주다	くださる
知っている	알고 있다	ご存(ぞん)じだ

- 開封後は、できるだけお早めに召し上がってください。
- 安い服を売っているサイトをもしご存知でしたら、ぜひ教えていただきたいです。
- 面接官：当社のホームページをご覧になったことがありますか？
  志願者：はい、週に１回以上、定期的にチェックしています。

「ます」에 접속할 때 일반문법규칙에서 벗어난 형태를 취하는 4개 동사

なさる	なさります (X)	→ なさいます
くださる	くださります (X)	→ くださいます
おっしゃる	おっしゃります (X)	→ おっしゃいます
いらっしゃる	いらっしゃります (X)	→ いらっしゃいます

- この回答が正しいと、先生が先ほどおっしゃいました。
- 学生：こちらには、いつまでいらっしゃいますか。
  先生：そうだね。いつまでになるかはまだ分からないけど。
- A：施設をご覧になりましたか。
  B：はい、先ほど係りの方が丁寧に案内して下さいました。
- 店員：食後はコーヒーと紅茶が選べますが、どちらになさいますか？
  お客：紅茶にします。

존경표현

존경 동사가 없는 경우에는 존경 표현으로 존경의 의미를 나타낸다.

1. お(ご)～になる

■ 상대방의 동작·행위 등을 높이는 표현으로, 존경동사 이외의 동사는 「お(ご)~になる」의 형태로 사용한다.

1) お(ご) + 동사의 ます형 + になる

A：鈴木さん、いませんか。
B：鈴木さんなら、もうお帰りになりました。 (帰る)

ご使用になる前に必ずお読みになり、読んだ後は必ず保管してください。 (読む)

お乗りになった駅が分からない場合は、始発駅からの運賃(うんちん)をいただきます。 (乗る)

2) お(ご) + 동작성 명사 + になる

掲示板から、皆さんのご参考になりそうなものを抜き出しました。 (参考する)

このウェブサイトをご利用になる前に、ご利用条件をよくお読みください。 (利用する)

「お(ご)～になる」 형태를 사용하지 않는 경우

1) 1음절인 동사 : 「いる」「着る」「寝る」 등
2) 존경할 수 없는 행위를 나타내는 말 : 「ぬすむ」「なぐる」 등
3) 허물없는 사이에서 쓰는 말 : 「がんばる」「しゃべる」 등
4) 외래어・의성어・의태어 : 「カメラ」「ハラハラ」 등
5) 존경동사가 있는 경우 : 「言う」「する」「来る」「見る」등

毎晩、ニュースを(*お見になりますか/ご覧になりますか)。

2. (ら)れる

■ 「(ら)れる」는 대부분의 동사에 사용할 수 있지만, 다른 존경 표현보다 존경의 정도가 약하다.

私は熊本(くまもと)からですが、どちらから来られましたか。

社員 : 課長、研修会の報告書、もう読まれましたか。
課長 : いや、昨日は何かと忙しかったんでまだだ。これから読むよ。

駅前に新しくオープンした店のお弁当、食べられたことありますか。

初めて自動車を購入される方にとてもお得なキャンペーンのお知らせです。

■ 「わかる」「できる」「くれる」등 가능형을 만들 수 없는 동사(상태동사)는 「(ら)れる」의 형태를 사용할 수 없다.

この問題の回答を{*わかられる/お分かりになる}方がいらっしゃいましたら手をあげてください。

존경표현 이외의 「~(ら)れる」

先生はもうすぐ来られるだろう。	(존경)
私は子供に眼鏡を壊されて困っています。	(수동)
好き嫌いがないので、何でも食べられますよ。	(가능)
この町に来ると、子供のころのことがよく思い出されます。	(자발)

お(ご)～です

■ 「お(ご) + ます형(동작성 명사)+ です」표현으로 상대방의 동작·행위 등을 높인다.

明日、ご帰国ですね。

当店のポイントカードお持ちですか。

いらっしゃいませ。ご注文はお決まりでしょうか。

店員 : 何かお探しですか。
お客 : 男性へのプレゼントなんですけど、何をあげたらいいでしょうか。

お(ご)~くださる / てくださる

■ 행위의 주체인 인물을 높임과 동시에 그 행위가 은혜를 주는 행위임을 나타낸다.
「お(ご)~くださる」가「てくださる」보다 존경도가 높다.

{ご指導くださり/指導してくださり}、ありがとうございました。

丁寧に{ご説明くださった／説明してくださった}ので、安心して治療を受けることができました。

■「お(ご)~ください」는 요구표현으로서 자주 사용된다. 허가, 지시, 부탁, 권유 등에 사용되며, 자신을 위한 부탁이나 의뢰 표현에는 사용하기 어렵다.

ご自由にお取りください。 (허가)

こちらにお名前をお書きください。 (지시)

お近くにお越しの際には、是非、お立ち寄りください。 (권유)

もしお時間がありましたら京都の町を{*ご案内ください/案内してくださいませんか}。 (의뢰)

■「てください」는 허가, 지시, 부탁, 권유, 의뢰 어느 쪽도 사용할 수 있지만,
「お(ご)~ください」보다 경어도가 낮기 때문에 격식 있는 장면에서는 사용하기 어렵다.

ご自由に取ってください。 → ご自由にお取りください。

ここに住所を書いてください。 → こちらにご住所をお書き下さい。

お와 ご의 차이점

1. 접두사 お / ご

■「명사, イ형용사, ナ형용사, 부사」에 붙는다.

失礼ですが、お国はどちらですか。

ご住所とご連絡先のご記入をお願いします。

お忙しいところ、申し訳ございません。

日本に10年住まれただけあって、日本語がお上手ですね。

遠くからお越しくださり、ありがとうございます。今夜はどうぞごゆっくりお寛(くつろ)ぎくださいませ。

2. 접두사 お / ご 만들기

■ 和語는「お」한자어는「ご」가 오는 것이 일반적이지만, 예외도 있다.

お + 和語	동사의 명사형	お答え、お支払い、お知らせ、お住まい、お手伝い、お願い 등
	い형용사	お忙しい、お恥ずかしい、お若い 등
	な형용사	お綺麗だ、お元気だ、お上手だ、お粗末だ、お暇だ 등
ご + 漢語	명사	ご意見、ご家族、ご協力、ご心配、ご相談、ご連絡 등
	な형용사	ご盛大だ、ご丁寧だ、ご熱心だ、ご立派だ 등
ご + 和語 (부사)		ごもっとも、ごゆっくり、ごゆるりと 등
お / ご + 漢語		(お/ご)誕生、(お/ご)病気、(お/ご)返事 등
「お」가 정착된 단어		お菓子、お金、お酒、お茶、お腹、お昼、お風呂、お弁当 등

さっそくのお返事ありがとうございます。

皆様からのご協力をお待ちしております。

お客様がそうおっしゃるのもごもっともです。

何かご不明な点がありましたら、ご連絡ください。

お客：すみません。ハンバーガーください。
店員：はい、ハンバーガーお一つですね。

■ 외래어, 조직명, 색깔, 과일, 동식물, お로 시작하는 단어 등에는 붙이지 않는다.

なんとすてきな*おバッグでしょう。 → バッグ

今回の選挙で*お自民党が勝利しました。 → 自民党

あの子の*お赤い頬はまるで*おリンゴのようですね。 → 赤い / リンゴ

あなたは*おライオンが好きですか、それとも*おトラが好きですか。 → ライオン／トラ

■ 문법상으로는 맞지 않으나 실생활에서는「お + 외래어」나, 애완동물 등에서는 사용하기도 한다. → 미화어

おタバコはお吸いになりますか？

お茶とおコーヒー、どちらになさいますか

我が家では猫をお猫様と呼んでいます。

男性：お酒は飲めますか。
女性：ええ、おビールを多少は。

접두사 お/ご 의미

■ 존경표현, 겸양표현, 미화어로 쓰인다.

1) 존경어

10年ぶりになりますが、皆様お元気でしょうか。

お支払いは現金かカードでお願いします。

あの時の小さい子がこんなにご立派なお嬢様になりましたか。

2) 겸양어

最後となりますが、皆様にひとつお願いがあります。

部長、ご相談がございます。少しお時間よろしいでしょうか。

3) 미화어

お茶にはお菓子やケーキがよく合いますね。

彼氏とのピクニックのため、朝からお弁当を作りました。

ランチをお祖母ちゃんにごちそうになって、もうお腹いっぱいになりました。

경어의 정도

■ 존경어에는 「존경동사」「존경표현」「(ら)れる」있다. 상대방의 동작, 행위를 높이는 표현이지만 경어의 정도는 차이가 있다.

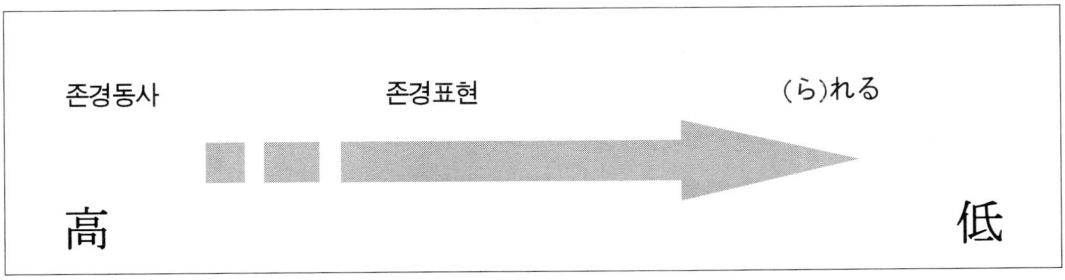

연 습 문 제

1. 다음 밑줄 친 부분을 존경동사로 바꾸시오.

1) すみませんが、何と言いましたか。 → ________________

2) お客さま、ご注文は何にしますか。 → ________________

3) 吉田さん、ソウルにはいつ来ましたか。 → ________________

2. 다음 밑줄 친 부분을「お(ご)~になる」형태로 바꾸시오.

1) 多くの方がすでに利用しました。 → ________________

2) ここで買うのはどれでしょうか。 → ________________

3) 田中先生はもうこの本を読みましたか。 → ________________

3.「お」「ご」의 의미를 쓰시오. (존경, 겸양, 미화)

1) お体の具合はいかがですか。 (　　　　)

2) 5月営業時間のご案内です。 (　　　　)

3) 先生は来週もお忙しいようです。 (　　　　)

4) 先日お送りしたお手紙は届いていますでしょうか。 (　　　　)

5) 同じ緑茶でも種類によっては、お茶の入れ方が少しずつ違います。 (　　　　)

6) これは母が地元の野菜を使った栄養バランス満点の手づくりお弁当です。 (　　　　)

4. お/ご를 붙여서 문장을 만드시오.

1) 国 → ____________________

2) 家族 → ____________________

3) 忙しい → ____________________

4) ゆっくり → ____________________

5. 다음 문장을「お+ます형+ください」형으로 바꿔 보세요.

1) しばらく待ってください。 → ____________________

2) お名前を書いてください。 → ____________________

3) 一日3回食後に飲んでください。 → ____________________

6. 다음 밑줄 친 부분을 바르게 고쳐 쓰시오.

1) それでは、おゆっくりお休みください。
→ ____________________

2) 社長はだいたい何時にお寝になりますか。
→ ____________________

3) ピアノ演奏ができられる方を募集しています。
→ ____________________

4) あの、お客様、只今、何とお言いになりましたか。
→ ____________________

5) 大変ご恥ずかしい話なんですが. 悩みをご相談させていただきます。
→ ____________________

2 겸양어

■ 말하는 사람이 자신을 낮추어 상대방에 대한 경의를 나타내는 말이다.

겸양동사

■ 동사 자체가 겸양의 의미를 가지고 있는 특별한 동사를 말한다.

보통어		겸양어
来る	오다	参る
行く	가다	
いる	있다	おる
する	하다	いたす
言う	말하다	申す、申し上げる
聞く	듣다 / 묻다	伺う
食べる	먹다	いただく
見る	보다	拝見する
会う	만나다	お目にかかる
あげる	내가 남에게 주다	さしあげる
もらう	받다	いただく
知っている	알고 있다	存(ぞん)じておる / 存(ぞん)じ上(あ)げる

私は東京大学の田中と申します。

田中：いつ来られますか。
鈴木：明日３時に参ります。

学生：ちょっとうかがいたいことがあるんですが。
先生：はい、なんですか。

田中：失礼ですが、あなたとどこかで会ってますかね。
木村：はい、先月、東京で先生のご講演を伺ったことがございます。その時お目にかかりました。

겸양표현

1. お(ご)~する/いたす

1) 겸양동사보다 상대방을 높이는 정도가 약하며, 「お(ご)～する」보다 「お(ご)～いたす」가 더 정중한 표현이다.

2) 「동사」의 경우에는 「お + 동사의 ます형 + する/いたす」의 형태를 취한다.

受付：お問い合わせの資料をお送りいたします。

職員：お待たせいたしました。
お客：いいえ、私も今、来たばかりです。

田中：この辞書、ちょっとお借りしてもよろしいですか。
鈴木：どうぞ使ってください。

社員：課長、そのファイルも会議室にお持ちしますか。
課長：うん、よろしく頼むよ。

3) 「한자어 명사 + する」의 경우에는 「お/ご + 한자어 명사 + する/いたす」의 형태를 취한다.

次は図書館をご案内いたします。

採用試験についてご説明します。

会議の日程が決まり次第、お電話いたします。

みなさんに鈴木一郎(すずき いちろう)先生をご紹介いたします。

2. (さ)せていただく：의미상「する」의 겸양표현

- 화자 자신의 의지적 · 일방적 행동을 표현하면서, 마치 상대방의 양해하에 행동한다는 뉘앙스로 사용된다.

お先に帰らせていただきます。 (帰ります)

お借りした本を楽しく読ませていただきました。 (読みました)

図書館の利用方法について説明させていただきます。 (説明します)

金子：これ、田村(たむら)さんのですか。ちょっと使わせていただきますね。(使います)
田村：あ、どうぞ。使ってください。

연 습 문 제

1. 밑줄 친 부분을 겸양동사로 바꿔보세요.

1) 大掃除は春と秋にします。 → ____________

2) A：そろそろ帰る時間ですね。
B：明日、また来ます。 → ____________

3) 何度も言いますが、皆様には心から感謝します。 → ____________
→ ____________

4) 私は中村先生がお帰りになるまで、ずっとここにいます。 → ____________

2. 밑줄 친 부분을「お(ご)~する」형태로 바꿔보세요.

1) 向こうから連絡が来るのを待ちます。 → ____________

2) 当新聞社はこれからもどんどん地元(じもと)の情報を皆さんに届けます。 → ____________

3. 밑줄 친 부분을「(さ)せていただく」형태로 바꿔보세요.

1) 朝起きたら目眩(めまい)がしたので、今日はゆっくり休みます。 → ____________

2) 小学校における紙パックのリサイクル状況について発表します。 → ____________

4. 다음 빈 칸에 들어갈 알맞은 겸양표현을 고르세요.

1) わが社では市民の文化芸術活動を支援して＿＿＿＿＿ました。

① まいり　② こられ　③ おみえになり　④ いらっしゃい

2) 昨日お借りした本を＿＿＿＿＿いただきました。ありがとうございます。

① 読まれて　② お読みに　③ 読まされて　④ 読ませて

3 미화어

- 누군가에게 경의를 표하거나 정중하게 말하려고 하는 것이 아니라, 화자 자신이 의식적으로 말투를 품위 있고 교양 있게 하려는 의도로 사용한다.

접두사「お/ご」에 접속하여 나타내는 경우

日本の新潟県はお米で有名です。

部屋にお花を飾ったら、いっそう明るくなった。

紅茶を出す時はお皿にお砂糖をそえるのを忘れずに。

人生の節目(ふしめ)には必ずといっていいほどお酒が登場する。

お米　お天気　お酒　お砂糖　お皿　お寿司　お花　お店　お湯 등

다른 어휘를 사용하는 경우

汁(しる)	⇨	おつゆ	腹(はら)	⇨	お腹(なか)
水(みず)		お冷(ひ)や	食(く)う		食(た)べる
飯(めし)		ご飯(はん)	便所(べんじょ)		お手洗(てあら)い
うまい		おいしい	でかい		大きい

子：お母さん～、腹減った。
母：もうお腹すいた？あら、ま～。

男性：飯、食った？
女性：いいえ、ご飯はこれからです。

すみません。この階にお手洗いはありますか。

子：これ、超うまいぜ～。
母：でしょう～。昨日食べてみたらすっごくおいしくて、今日お持ち帰りにしたわ。

■ 반드시 「お/ご」가 접속하여 한 단어로 정착된 경우도 있다.

上司がご機嫌斜めのときは近寄らないほうがいいよ。

ダイエット中だからといって、 無理におやつを我慢する必要はない。

A：じゃ、また来週、会いましょうね。ごきげんよう。
B：ごきげんよう。

地域によって違いますが、お盆には赤飯やお団子などを食べます。

お菓子　お正月　おはよう　お盆　おむつ　おやつ　ごちそう　ご機嫌よう 등

연습문제

1. 다음의 밑줄 친 부분을 미화어로 바꿔보세요.

1) お母さん、腹減った～。 → ____________

2) この飯、うまいぞ。お前も食ったら？ → ____________
→ ____________
→ ____________

3) 酒を飲んだら、車に乗っては行けないよ。 → ____________

4) 赤ちゃんのむつは素材から布と紙に分類される。 → ____________

5) 盆は正月とともに、一年中でもっとも大切な行事である。 → ____________
→ ____________

종합연습문제

1. 次の内容を読んで、下線の部分を「尊敬語」「謙譲語」に直してください。

1)

> （ 電話で ）
> 受付：はい、営業部です。
> 高橋（たかはし）：もしもし、ABC商事の高橋と ① <u>言います</u>。
> 　　恐れ入りますが、鈴木課長、② <u>いますか</u>。
> 受付：課長の鈴木ですね。③ <u>少々待ってください</u>。

① 言います。　→　（　　　　　　　　）
② いますか。　→　（　　　　　　　　）
③ 待ってください。　→　（　　　　　　　　）

2)

> （ 食堂で ）
> 金　：これが韓国の伝統料理です。
> 高橋：わあ、美味しそうですね。
> 金　：どんどん、① <u>食べてください</u>。
> 高橋：では、② <u>食べます</u>。

① 食べてください。　→　（　　　　　　　　）
② 食べます。　→　（　　　　　　　　）

3)

> （ 留守中 ）
> 高橋（たかはし）：鈴木（すずき）課長 ①<u>いますか</u>。
> 佐藤（さとう）：申し訳ございませんが、鈴木は ②<u>今</u>席を外して ③<u>います</u>。
> 高橋（たかはし）：いつごろ、④ <u>戻りますか</u>。
> 佐藤（さとう）：本日は戻らない予定になって ③<u>います</u>。明日、出社次第 ⑤<u>電話しましょうか。</u>
> 高橋（たかはし）：では、電話があったと ⑥<u>伝えて下さい</u>。

① いますか　→　（　　　　）　④ 戻りますか　→　（　　　　）
② 今　→　（　　　　）　⑤ 電話をします　→　（　　　　）
③ います　→　（　　　　）　⑥ 伝えて下さい　→　（　　　　）

4)

武田(たけだ)：もしもし、A社の武田と申しますが、社長さんいらっしゃいますか。 野村(のむら)：はい、社長はただいま、①お出かけになっていらっしゃいます。 　　　戻り次第、②折り返し(おりかえし)のお電話なさいましょうか。 武田(たけだ)：いいえ、こちらから後(のち)ほどかけなおします。 野村(のむら)：よろしくお願いします。

① お出かけになっていらっしゃいます。　→　(　　　　　　　　　　　)
② 折り返しのお電話なさいましょうか。　→　(　　　　　　　　　　　)

2. 下線を「尊敬表現(そんけいひょうげん)」に直してください。

1) 社長はタクシーに乗りました。　→ (　　　　　　)

2) 駅には何時頃、着きましたか。　→ (　　　　　　)

3) 来月、日本へ帰ると言いました。　→ (　　　　　　)

4) 本をお読みする方が小林先生です。　→ (　　　　　　)

5) 店員：食後はコーヒーと紅茶が選べますが、どちらにしますか？　→ (　　　　　　)

3. 下線を「謙譲表現(けんじょうひょうげん)」に直してください。

1) お世話になった皆様に感謝の気持ちを伝えます。　→ (　　　　　　)

2) 先生の多くの作品を見ることができてうれしいです。　→ (　　　　　　)

3) 入院中、お見舞いにケーキなどのお菓子をもらうこともあります。　→ (　　　　　　)

4) 韓国にいらっしゃったら、地元の人しか知らない観光地を案内します。　→ (　　　　　　)

4. 次の接頭語「お / ご」の中で性格が違う一つを選びなさい。

① お国　　② おやつ　　③ ご来客　　④ ご機嫌

5. 下線の中で間違った部分を選びなさい。

1）今回のお茶会(①)にはお宅(②)のお嬢様(③)もお一緒(④)できて大変楽しかったです。

2）ご料理(①)ができたら、お皿(②)に盛ってお茶(③)といっしょにお客様(④)に出してください。

3）お塩(①)を少し入れるだけでご味(②)が良くなり、子どものおやつ(③)やお客様(④)へのおもてなしにもいいです。

접속사

1. 순접
2. 역접
3. 화제 전환
4. 열거・첨가
5. 요약・보충
6. 선택・대비

1 순접

だから · それで　그러니까 / 그래서 / 그렇기 때문에

■ 앞 문장의 원인 · 이유에 대한 결과를 제시할 때 사용하는 표현이다.

A：トンネルの中で事故があった。
B：「だから/それで」、通行禁止になっているのか。

A：佐藤さんは海外出張に行っているんだって。
B：そうですか。「だから/それで」、電話しても出なかったわけですね。

となりに新しいマンションが建つことになった。「だから/それで」、今、困っている。

来週N３のテストを受けるつもりです。「だから/それで」、今、熱心に勉強しているんです。

■ 단, 「だから」 뒤에는 화자의 판단, 명령, 의뢰, 의지표현 등이 올 수 있으나, 「それで」 뒤에는 올 수 없다.

もうすぐお盆休みだ。{(○)だから、/(×)それで、} 道は混んでいるだろうな。
(추측)

台風が来るそうです。{(○)だから、/(×)それで、}旅行はやめたほうがいいですよ。
(권유)

どうしても病院が遠いのは大変だよ。{(○)だから、/(×)それで、} 近くの病院に入院しなさい。
(명령)

昨日パスポートを無くしました。{(○)だから、/(×)それで、}今日は大使館へ行かなければならない。
(판단)

今夜、放送されるテレビ番組に大好きな俳優が出演する。{(○)だから、/(×)それで、}
早く家に帰るつもりです。
(의지)

したがって　따라서 / 그러므로

■ 앞 문장의 원인, 이유를 받아서 뒤에는 주로 화자의 논리적인 판단이나 결과를 제시할 때 사용하는 다소 딱딱한 표현이다.

AとBは等しい。BとCは等しい。したがって、AとCは等しい。

道路工事が遅れている。したがって、完成は来年2月になるだろう。

この家は新築で交通が便利です。したがって家賃も近所に比べて高い。

「だから」vs「したがって」vs「それで」

■ だから

앞 문장의 내용이 뒷 문장의 이유, 근거가 된다. 주로 회화에서 사용하며, 앞 내용에 대한 화자의 주관적인 판단을 나타내므로 뒤에는 화자의 판단, 명령, 의뢰, 의지표현도 올 수 있다.

運動は健康にいいです。だから、毎日してください。

■ したがって ~따라서, 그런 이유로

앞의 내용이 뒤의 내용의 이유, 근거가 되며, 앞 내용에 대한 객관적인 상황을 나타낼 때 주로 사용하며, 문장체에서 사용한다.

あのレストランは料理がおいしくて人気がある。したがって、予約しにくい。

■ それで

뒷 문장에는 화자의 판단, 명령, 의뢰, 의지표현이 올 수 없다.

財布を無くした。それで、友だちにお金を借りた。

すると 그랬더니 / 그러자 / 그렇다면

■ 앞 문장의 사태가 계기가 되어서 일어난 일이나, 어떤 새로운 것을 발견했을 때 사용한다. 뒷 문장에는 자연현상이나 어떤 상태의 변화를 나타내는 표현이 온다.

窓を開けた。すると、雪が降っていた。 (자연현상)

ボタンを押しました。すると、テープがまわりはじめました。 (상태의 변화)

■ 상대의 발언을 받아서 이어갈 때도 사용하며, 「それなら(그렇다면)」와 바꾸어 쓸 수 있다.

A：能力試験の受付の締め切りは30日です。

B：あ、「すると/それなら」、後1週間ありますね。

それなら　그러면 / 그렇다면

■ 앞 문장의 내용이 뒷 문장의 성립조건을 나타낼 때 사용하는 표현이다. 즉, 상대의 발언을 받아서 「그렇다면, 그러한 경우는」의 의미를 나타낸다. 뒷 문장에는 동작성을 나타내는 동사가 온다.

A：パーティーには木村さんも来るそうです。
B：それなら、私も行きたいわ。

了解しました。それなら、先生のおっしゃるとおりにします。

■ 주로 회화에서 사용되며, 의지, 명령 표현도 올 수 있다.

A：これ、貸してください。
B：この本は今、読んでいますけど。
A：それなら、あの本を貸してください。

「すると」vs「それなら」

■ すると：그랬더니, 그러자 ~하더라/~하게 되었다
→ 앞 문장의 내용이 완료되자, 뒷 문장 내용이 발생하더라는 것을 나타낸다. 의지나 명령표현은 올 수 없다.

信号が青になった。すると、待っていた人はみんな渡り始めた。

■ それなら：그렇다면, 그런 상황이라면
→ 앞 문장의 내용이 가정조건이 되며, 의지나 명령표현이 올 수 있다.

歩けないですね。それなら、ここで救急車を待ってて下さい。

연습문제

1. 밑줄 친 부분에 들어갈 적당한 말을 ①~④ 중에서 고르시오.

1) A：能力試験の受付の締め切りは9月23日までです。
B：＿＿＿＿＿＿、すぐ申し込みます。

① だから　② それなら　③ それで　④ したがって

2) 昨日遅く寝ました。＿＿＿＿＿＿ 今日は眠いんです。

① それに　② それなら　③ すると　④ でも

3) 窓を開けました。＿＿＿＿＿＿ 涼しい風が入ってきました。

① それで　② すると　③ したがって　④ ところが

4) 水が怖くて泳げない。＿＿＿＿＿＿ 夏になると体育の時間がいやだった。

① それなら　② さて　③ すると　④ だから

5) 家賃が高い。＿＿＿＿＿＿ 私たちは節約しなければならない。

① それなら　② したがって　③ すると　④ それに

2. 괄호 안의 표현 중 적당한 말을 고르시오.

1) 朝ご飯を食べると健康にいいです。{①それで / ②それなら} 毎日食べています。

2) 明日、試験があります。{①すると / ②だから} 今晩、夜遅くまで勉強するつもりです。

3) A: 昨日、夜遅くまで起きていました。
B: {①それなら / ②すると} 早く家に帰ってゆっくり休んでください。

4) 賛成が過半数に達した。{①それなら / ②したがって} この法案は通過した。

2 역접

ところが 그런데 / 그러나

■ 앞 문장과는 상반되는 결과로 인한 의외성과 놀라움을 나타낸다. 즉, 상대의 기대나 예상에 반대되는 내용이나 서로 대비적인 관계를 나타낼 때 사용한다.

晴れていたので洗濯をした。ところが、急に雨が降り出した。

課長は厳しくて冷たい人だと思っていた。ところが、家族にはすごく優しかった。

いつもは9時頃学校に着く。ところが、交通事故に巻き込まれて30分遅れで到着した。

■ 의지, 희망, 명령, 추량표현은 올 수 없다.

東京大学に入るのはかなり難しい。{(×) ところが}、受験してみるつもりだ。 (의지)

それなのに 그런데도(불구하고) ~하고 있다 / ~했다

■ 예상과는 상반되는 결과에 대한 놀람이나 불만, 그리고, 심리적으로 납득할 수 없는 내용이 뒤에 온다. 주로 회화체에서 사용한다.

大雨が降っている。それなのに、選手たちは練習を続けている。

ものすごく辛い料理だった。それなのに、彼は一つも残さず食べてしまった。

■ 앞 문장의 술부에 「のに」를 접속하여, 한 문장으로 나타내기도 한다.

一生懸命努力した。それなのに、成績は悪かった。→ 一生懸命努力したのに、成績は悪かった。

■ 의뢰 · 명령 · 질문 · 판단 · 의지표현은 올 수 없다.

不合格になると思う。{(×) それなのに} 受験するつもりです。 (의지)

夜遅い時間ですね。{(×) それなのに} 来てくださいませんか。 (의뢰)

先生が待っているとは保障できません。{(×) それなのに} 一応行ってみなさい。 (명령)

■ 단, 의문에는 가능하다.

熱があるんでしょう。それなのに、仕事に行くんですか。 (의문)

それにもかかわらず 그럼에도 불구하고 ~해서~했다

■ 앞 문장에 제시된 것으로 추측(예상)할 수 없는 동작을 할 경우나, 어떤 상태가 발생하여 납득할 수 없는 경우에 사용하는 표현이다.

彼は貧乏である。<u>それにもかかわらず</u>、就職しようとしない。

二日間出張で寝なかった。<u>それにもかかわらず</u>、全然眠れない。

佐々木さんはもう80歳になった。<u>それにもかかわらず</u>、せっせと働いている。

「ところが」vs「それなのに」vs「それにもかかわらず」

ところが	앞 문장의 상황(판단)으로 보아 도저히 성립될 수 없는 일이 발생한 경우에 사용한다. 강한 의외감을 나타낸다. 二階には誰もいないはずだった。<u>ところが</u>、足音(あしおと)がした。
それなのに	결과에 대한 불만이나 유감, 놀람 등을 나타낼 때 사용한다. 彼には才能がある。<u>それなのに</u>自分でそのことに気づいていない。
それにもかかわらず	뒷 문장 내용이 앞에 제시된 상황과는 논리적으로 맞지 않을 때 사용한다. 何度も注意をした。<u>それにもかかわらず</u>、彼は聞かなくて失敗した。

연 습 문 제

1. 밑줄 친 부분에 들어갈 적당한 말을 ①~④ 중에서 고르시오.

1) 何度も謝りました。＿＿＿＿＿＿ 両親は許してくれませんでした。

① それで ② それなのに ③ それなら ④ だから

2) あの人は好き嫌いもなくたくさん食べている。 ＿＿＿＿＿＿ 全然太らない。

① そのうえ ② それにもかかわらず ③ だから ④ それに

3) きっと合格するだろうと思った。 ＿＿＿＿＿＿ 合格するにはあまりにも点数が足りなかった。

① ところが ② だから ③ そこで ④ それに

2. 괄호 안의 표현 중 적당한 말을 고르시오.

1) 私は非常に疲れていた。{ ①それにもかからず / ②ところが } なかなか眠れなかった。

2) 結婚してからずっと共稼(ともかせ)ぎしている。{ ①ところが / ②それなのに } 生活はちっとも楽にならない。

3) 田中さんからの電話だと思って出てみた。
{ ①ところが / ②それにもかかわらず } アメリカにいる息子からだった。

3 화제전환

さて　그건 그렇고 / 그러면

■ 앞 문장의 사항을 일단 마무리하고 나서, 다른 화제로 바꿀 때 사용한다. 일상적인 자연스러운 대화보다는 격식을 차릴 때나 공적회의 등에서 주로 사용하는 표현이다.

さて、この辺(へん)で、次のテーマに移りたいと思います。

勉強についての話はこの辺で終りにします。さて、次に、留学の生活についてお話を進めたいと思います。

それでは　그러면 / 그렇다면

■ 앞 문장의 내용에 관계없이 자연스럽게 본래의 화제로 바꿀 때 사용한다.

今日も寒いですね。それでは、授業を始めましょう。

■ 정해진 순서에 따라 진행되는 장면전환에 쓰인다.

9時になりました。それでは、ニュースをお伝えします。

■ 「만약에~하다면 / 그렇다면,」의 의미로, 화자가 어떤 내용에 대해 추측・권유하거나, 의지적인 동작을 나타낼 때 사용되기도 한다.

A：来年、1年間日本へ行くことになりました。
B：それでは、今から日本語の勉強をしたほうがいいですよ。　(권유)

A：次郎は今ちょっと出かけていますが、9時には帰ると思います。
B：はい、それでは9時すぎにもう一度かけなおします。　(의지)

ところで　그런데 / 참 그런데

■ 지금까지 이야기한 내용과는 전혀 다른 새로운 화제로 넘어갈 때 사용한다. 일상적인 회화에서 주로 사용한다.

A：今年ももうすぐ終わるね。
B：そうだね。年取るのいやだな。
A：<u>ところで</u>、正月は田舎へ帰るの。

今日はお疲れ様でした。<u>ところで</u>、学校の前に新しいレストランができたんですけど、今夜行って見ませんか。

■ 대화 도중에 생각난 화제를 이야기할 때도 사용한다.

A：実は佐藤さんが親切に教えてくれました。佐藤さんの日本語は分かりやすいですね。
B：はい、とてもきれいな日本語です。あ、<u>ところで</u>、金さん、私に韓国語を教えてくれませんか。

「さて」vs「それでは」vs「ところで」

■ さて ➩ 뒷 문장의 내용을 새로운 화제로 끌어들일 때 사용한다. 그 새로운 화제는 <u>이미 예정되어 있는 듯한 인상</u>을 준다.

■ それでは ➩ 앞 문장의 내용에 근거하여 뒷 문장의 내용으로 바뀌는 경우에 사용한다. 뒷 문장에는 <u>의지나 권유표현</u>이 올 수 있다.

■ ところで ➩ 뒷 문장의 내용을 새로운 화제로 끌어들일 때 사용한다. 그 새로운 화제는 <u>대화 중에 떠오른 느낌</u>이 든다.

その件については了解しました。<u>さて</u>、次の件ですが。
もうこんな時間ですか。<u>それでは</u>、電気を<u>消しましょう</u>。
このごろ暑いですね。あ、<u>ところで</u>、食事はどこでしましょうか。

연 습 문 제

1. 밑줄 친 부분에 알맞은 것을 ①~④ 중에서 고르시오.

1) それはたいへんでしたね。 ________あの件はどうなっていますか。

① たとえば　② それとも　③ ところで　④ それなら

2) 前回の数学テストは90点だった。 ________ 今日のテストではいい点がとれるだろうか。

① さて　② それなのに　③ それで　④ そこに

3) A：韓国語ははじめて勉強なさるんですか。
B：あ、はい。
A：________最初は韓国人の先生に習ったほうがいいと思いますが。

① ところが　② だから　③ それでは　④ それから

2. 괄호 안의 표현 중 적당한 말을 고르시오.

1) A：今回の試験、たぶん50％もできなかったと思います。
B：{①それでは / ②ところが} 合格は無理だろう。

2) A：ようやく就職が決まりました。
B：良かったですね。ご両親もかなり喜んでいるしょう。
{①ところで / ②それでは} 例の件はどうなりましたか。

3) 9時になりました。 {①それでは / ②それなら} ニュースをお伝えします。

4 열거·첨가

およひ 및

■ 주로 명사와 명사 사이에 접속되며 문장체에 사용한다.

この道路は自動車および自転車の通行を禁止します。

犬、および猫にいたるすべてのペットは出入り禁止です。

カナダは英語、およびフランス語が共通語になっている。

それから 그리고 나서 / 그 후

■ 전후의 시간적인 관계가 짧은 사항을 열거하거나 덧붙일 때 사용한다.

シャワーを浴びた。それから、冷やしておいたビールを飲んだ。

エリカさんは、パーティーで食べるサンドイッチを作りました。
それから、お茶を入れて、お客様が来るのを待っていました。

A：サチコさん、明日一緒に映画を見ませんか。

B：すみません。明日は親戚が来るので駅まで迎えに行って、それから食事に行くんです。

また 또 / 게다가

この作家は小説家であり、また会社員でもある。

田中さんはお金持ちです。また、気がやさしいです。

辞書は大学の生協で販売しています。また、インターネットでも購入できますよ。

なお 또한 / 게다가

■ 앞문의 내용과 관련해서 중요한 정보를 덧붙일 때 사용한다. 다소 딱딱한 표현이다.

作文の内容は自分が決めること。なお締め切りは今週の金曜日まで。

今度の打(う)ち合(あ)わせは水曜日です。なお、時間については後(のち)ほどお伝えします。

該当者は書類を準備してください。なお、詳細については先生にご相談ください。

연 습 문 제

1. 밑줄 친 부분에 알맞은 것을 ①~④ 중에서 고르시오.

1) A：いつごろならご都合がよろしいでしょうか。
B：そうですね。土曜と日曜________月曜の午前もあいています。

① まだ　② それで　③ それでは　④ また

2) 会議はこれで終ります。________次の会議は来週の金曜日です。

① でも　② すると　③ だから　④ なお

3) となりの奥さんにデパートで会って、________私は映画を見に行きました。

① また　② それから　③ および　④ それで

4) お店の定休日________営業時間をご案内いたします。

① なお　② それから　③ および　④ それで

5 요약·보충

つまり 즉 / 요약하자면

- つまり、やりたくないってことですね。
- 彼女は母の妹、つまり私の叔母である。
- 「いい加減」という言葉は、つまり、適切だという意味です。

ようするに 요컨대 / 결론적으로 말하자면

- 要するに、すべては考え方次第です。
- 要するに、彼女はやる気がないということだね。
- 彼はよく遅刻するし、欠席も頻繁にする。要するに迷惑な人なんだよ。

たとえば 예를 들면

- スポーツ、たとえば、テニスや野球などをしますか。
- あの二人の関係ですか。たとえば、兄弟のようなものです。
- 飲み物でしたら、たとえば、コーヒー、紅茶、ジュースなどがあります。

なぜなら 왜냐하면

■ 「なぜなら~からだ」의 형태로 주로 사용되며, 앞 문장의 내용에 이유나 사정을 설명할 때 사용하는 다소 딱딱한 표현이다.

- 今日はとても無理です。なぜなら、さっき暴風雨警報(ぼうふうう けいほう)が出たからです。
- 二人は恋人同士かも知れません。なぜなら、同じ指輪をしているからです。
- 周りがやかましいです。なぜなら、近くでアパートの新築工事が始まったからです。

ただ　다만 / 단지

■ 「ただ」는 앞문에 관련해서 예외조항이나 단서를 붙일 때 사용한다.
「だけ」「ばかり」「のみ」등과 자주 사용한다.

過去は振り向くな。ただ前進あるのみだ。

この部屋は大きくて家賃も安い。ただ、周りの環境が悪い。

日本語は特に難しい言葉はないのですが、ただひとつ、ものすごくむずかしい表現があります。それは敬語です。

それに　그뿐만 아니라, 게다가

■ 「そのうえ」와 바꿔 쓸 수 있으나, 「それに」가 다소 회화체 적이다.

A：喉は痛くありませんか。
B：ええ、喉がすごく痛いし、それに咳も出ます。

このシャツはデザインも色もいい。それに、値段も安い。

この病院では最新の治療法が受けられます。それに、ナースもとても親切です。

ちなみに　덧붙여 말하면, 추가로

■ 앞문에 관련된 내용에 추가적으로 그다지 필요하지 않은 내용을 보충 설명할 때 사용한다.
다소 딱딱한 표현이다.

社長命令で社内恋愛は禁止です。ちなみに私はこの決まりを守っていません。

三ヶ月前からヨガ教室に通っています。 ちなみにそのうち男は僕一人だけです。

今週の日曜日のピクニックに参加する人は、9時に学校の前に集まって下さい。ちなみにお弁当を持ってきてください。

「たとえば」vs「ただ」vs「ちなみに」

- たとえば　: 구체적인 예를 들어서 앞의 내용을 보충 설명한다.
- ただ　: 「ただし」와 같은 의미지만, 보다 회화체적이다.
- ちなみに　: 앞의 내용에 관계있는 것을 참고해서 보충 설명한다.

春に咲く花、たとえば、桜やタンポポのことです。

あの店の食べ物はとてもおいしい。ただ、値段が高い。

今夜、面白いバラエティーがあるから、ぜひ見てください。ちなみに9時からです。

연 습 문 제

1. 밑줄 친 부분 ①~④ 중에서 바른 것을 고르시오.

1) A：うちの大学には一年生が200名、二年生が150名います。
B：＿＿＿＿＿そのうち男性は何割りぐらいですか。

① および　② とはいえ　③ ちなみに　④ だが

2) 今日休みました。＿＿＿＿＿ 体の調子が悪かったからです。

① それで　② なぜなら　③ そこで　④ それから

3) 若者たちは笑う場面じゃなくても、役者が倒れただけで爆笑したりするんです。＿＿＿＿＿ある動作や言葉に触れるだけで反射的に笑ってしまう。

① つまり　② あるいは　③ だから　④ それで

4) 今朝、朝寝坊(あさねぼう)した。急いで出てきたが、電車を乗り間違えてしまった。＿＿＿＿雨まで降ってきた。

① および　② つまり　③ それで　④ それに

6 선택·대비

あるいは 혹은 / 또는

黒、あるいは青のペンで記入してください。

この映画は未成年者、あるいは妊娠中である人は見られません。

この商品はインターネット、あるいは電話によるご購入が可能です。

それとも 그렇지 않으면

■ 「A それとも B」의 형태로 상대방에게 어느 쪽인가를 선택하게 하는 표현으로 주로 의문문에 사용한다.

君の斧(おの)は、この金の斧、それとも、銀の斧？

うどんにしますか。それとも、ラーメンにしますか。

映画を見に行こうか。それとも、買い物に行こうか。

いっぽう 한편 / 그와는 달리

■ 앞문의 사항과는 상반되는 내용을 이어주는 표현이다.
즉, 관련되는 전후의 내용을 대비해서 차이를 명확히 나타낼 때 사용한다.

EUは賛成する方針だ。一方、アメリカは反対を表明している。

家を買って嬉しい。一方、20年のローンを考えると気が遠くなる。

A君は渡したというが、一方、B君は受け取っていないという。この場合はどうすればいいんだ。

연 습 문 제

1. 밑줄 친 부분에 알맞은 것을 ①~④ 중에서 고르시오.

1) ペンか＿＿＿＿＿ボールペンで書いて下さい。

① あるいは　② そして　③ だから　④ したがって

2) カードで一括払いにしますか、＿＿＿＿＿現金払いにしますか。

① それから　② それで　③ それとも　④ そこで

3) 日本では子供を産まない女性が増えている。
＿＿＿＿＿アメリカでは結婚しなくても子供はほしいという女性が増えている。

① ところで　② および　③ 一方　④ だから

종합연습문제

1．次の文章を読んで、文章全体の内容を考えて、中に入る最もよいものを、①・②・③・④から一つ選びなさい。

1)

> 何かの頼みを断る際には、「できない」「やれない」というような否定的な言葉を使わず、どういう条件ならできるのかを相手に伝える。（　A　）″自分ができること″の提案に変えることが有効である。

A　① ところで　② しかし　③ ところが　④ つまり

2)

> そのニュースを見たとき、私は少し考えました。もし、ロボットにこれらのことすべてが可能になれば必ず、大きな話題になるでしょう。（ B ）人間は一歳になれば立って歩けるようになります。（ C ）3歳になれば走ったり踊ったりできるようになります。（ D ）運動だけでなく言葉も自由に話せるようになります。

B　① ところで　② しかし　③ たとえば　④ つまり

C　① また　② または　③ でも　④ ところで

D　① それに　② それでは　③ だから　④ たとえば

3)

> 彼の癖について、その行為を行(おこな)っている本人はあまりその癖に気づいていないことが多いと思います。例えば、ご飯を食べるときにクチャクチャと音をたてて食べたり、（ E ）ズルズルと音を立てて飲んだり、周りで聞いている側は気になって仕方がないのに、当の本人は全然気にしていない。いや、分かっていないのです。分かっていないのですから、注意したとしてもなかなか直すことは難しいと思います。もっとも、小さい時なら直すこともできるでしょうが。

E　① それにしても　② それから　③ そのため　④ それでも

2. 次の文の(　　　)に入れるのに最もよいものを、①・②・③・④ から一つ選びなさい。

1) 彼女は誰に対しても親切な人だ。(　　　　　) みんなに好かれる。

① ところが　② だから　③ それなら　④ それなのに

2) 今まで暑い日が続いてきた。＿＿＿＿＿明日からはすこし涼しくなるそうです。

① それとも　② ところが　③ だから　④ すると

3) 常に家族全員で食卓を囲むことは、難しいことだと思います。(　　　　　) 今一度、みなさんの各家庭で、「みんなで楽しい食事」ということを意識してみたらいかがですか。

① ところが　② すると　③ それなら　④ それで

3. 次の文の＿♥＿に入る最もよいものを、①・②・③・④ から一つ選びなさい。

1) このボタンを押してください。＿♥＿ ＿＿＿ ＿＿＿ ＿＿＿ です。

① すると　② はず　③ 出る　④ 水が

2) 彼は目をつぶっていたが、＿＿＿ ＿＿＿ ＿♥＿ ＿＿＿ 分かっていた。

① 行動を　② わたしの　③ 全部　④ それでも

3) 発表のために準備をしなくてはならない。＿♥＿ ＿＿＿ ＿＿＿ ＿＿＿ コピーしなければならない。

① 始まる　② したがって　③ 前に　④ レジュメを

4. 次の文の＿＿＿＿に入らないものを①・②・③・④ から一つ選びなさい。

1) 今日から連休だ。＿＿＿＿＿、人出が多い。

① だから　② ところで　③ ところが　④ いっぽう

2) とてもお腹がすいていたので＿＿＿＿＿、急いでご飯を食べた。

① ところが　② それに　③ それで　④ で

3) もう彼女と別れたい。＿＿＿＿＿、彼女が怖くてその話を言い出せない。

① ところが　② それなのに　③ それから　④ ところで